Christiane Florin
Trotzdem!

Christiane Florin

Trotzdem!

*Wie ich versuche,
katholisch zu bleiben*

Kösel

Sollte diese Publikation Links auf Webseiten Dritter enthalten,
so übernehmen wir für deren Inhalte keine Haftung,
da wir uns diese nicht zu eigen machen, sondern lediglich auf
deren Stand zum Zeitpunkt der Erstveröffentlichung verweisen.

Verlagsgruppe Random House FSC® N001967

Copyright © 2020 Kösel-Verlag, München,
in der Verlagsgruppe Random House GmbH,
Neumarkter Str. 28, 81673 München
Umschlag: Weiss Werkstatt, München
Satz: Uhl + Massopust, Aalen
Druck und Bindung: CPI books GmbH, Leck
Printed in Germany
ISBN 978-3-466-37255-3
www.koesel.de

 Dieses Buch ist auch als E-Book erhältlich.

Inhalt

Ich bin ein Schaf, holt mich hier raus   7

Im Anfang war das Nein und das Nein war bei Marx –
Das MHG-Beben   22

2010, 2018, 202… – Déja-vü-Erlebnisse   43

Unsere Schafsgeduld, unsere Schuld   69

Macht gibt es nicht.
Im Reich der Bescheidenheitsbrutalität   77

Kein Sex, davon aber viel   99

Von Wollust, Weibern und Wahrheit   121

Mein Wille geschehe. Katholische Streitkultur   143

Sind wir Kirche?   159

Was vom Glauben übrigbleibt   166

Literatur   174

Ich bin ein Schaf, holt mich hier raus

Dieses Buch besichtigt eine Sonderwelt. Dort tragen Männer Kleider, mit Gold und Spitze. Es riecht nach Weihrauch und nach Schaf. Der Weihrauch duftet zur Ehre Gottes. Was Gott ist, lässt sich an dieser Stelle nicht klären. Von Weitem betrachtet, bewegen sich die Schafe in einer Herde. Aus der Nähe besehen, bewegen sich einige schnell, einige langsam, einige gar nicht. Manche sind nur schemenhaft zu erkennen. Die Felle sind unterschiedlich dick. Männliche und weibliche Schafe laufen mit. Wer länger hinschaut, erkennt irgendwo vor, mitten in und hinter der Herde Männer in besonders goldig bestickten Kleidern. Sie tragen eine spitze Mütze. Diese Männer werden Hirten genannt. Manchmal haben sie einen Schäferhund dabei.

Es gibt mehr weibliche Schafe als männliche, aber die Hirten kennen die weiblichen nicht so gut. Mutterschafe haben sie am liebsten.

Diese Sonderwelt hat eigene Rituale, es gilt ein eigenes Recht. Strenger als ein Schaf riechen kann, dürfen Hirten handeln. Sie haben immer recht, denn sie machen die Gesetze, über die sie wachen.

Was sehr besonders ist: Auch Hirten waren einmal Schafe. Gott selbst hat ihnen gesagt, dass sie aus der Herde herausragen. Das nennt man Berufung. Nur männliche Schafe können diesen Ruf hören, bei weiblichen muss es Einbildung sein. Wenn ein hoher Hirte einem werdenden Hirten die Hand auflegt, nennt man das Weihe. Dieses Ritual zeigt den Schafen drumherum: Der ist keiner mehr von euch, der passt jetzt auf euch auf. Wenn die Weihe wirkt, kann der Hirte unterscheiden, was richtig und was falsch ist. Dabei hilft ihm der Heilige Geist. Dass der versagt, ist ausgeschlossen.

Hirten wissen durch die Weihe immer, was gut ist für die Herde. Manche Schafe denken trotzdem, sie wüssten es selbst besser und blöken. Das stört die Hirten. Manche nicken milde, manche lassen den Hund von der Leine. Das Blöken stört auch einige in der Herde. Dann beißt ein Schaf das andere und der Hund kann Pause machen.

Über allem und allen steht ein Mann in Weiß. Der wird nicht Höchster Hirte oder Oberstes Schaf genannt, sondern Heiliger Vater. Menschen von draußen bezeichnen ihn als Papst. Für die Schafe ist der Heilige Vater zugleich Stellvertreter Christi auf Erden. Christus hieß einmal Jesus, bevor er von den Toten auferstand. Jesus ist der Sohn Gottes und der Sohn einer Jungfrau namens Maria. Auch dabei hat der Heilige Geist geholfen. Diese Jungfrau war mit einem Zimmermann verheiratet. Josef, so sein Name, war – damals ungewöhnlich – bei der Geburt dabei und nahm Jesus wie ein eigenes Kind an. Als Jesus in einem Stall zur Welt kam, schauten Hirten und Schafe zu. Die Hirten trugen abgeschabte Kleider ohne Gold und Spitze.

Was Jesus beruflich machte, ist unbekannt. Er befasste sich viel mit Religion, diskutierte mit Schriftgelehrten und ging in den Tempel. Vielleicht arbeitete er als Zimmermann wie Josef. Als Hirte arbetete er nicht, Vater wurde er nicht, Mützen trug er nicht. Aber alle Hirten mit spitzen Mützen und alle Heiligen Väter berufen sich auf ihn.

Schafe, Hirten, Väter, Söhne, Jesus, Jungfrau, Josef, Stall, Tempel, Auferstehung, Christus, Gott – selbst im Erklärbär-Tonfall des Kinderfernsehens bleibt viel Unerklärliches und Unvereinbares. Die

Bildausschnitte fügen sich nicht wie ein Puzzle ineinander. Hirten nennen das gern »das Unverfügbare«.

Man muss verrückt sein, um zu sagen: Diese Sonderwelt ist meine Welt.

Das Katholische ist komisch. Ich bin eine dieser komischen Figuren. Nicht Jungfrau, nicht Hirtin, nicht Heilige. Ich schreibe es ungern: Ich bin ein Schaf. Je nach Perspektive ein blökendes, bissiges, verlorenes, verirrtes, blödes, treudoofes. Wie auch immer – ich gehöre zur Herde. Noch.

Diese Sonderwelt ist meine Welt – das sagen längst nicht mehr so viele wie vor 50 Jahren. Aber laut jüngster Mitgliederstatistik sind es in Deutschland noch immer 23 Millionen. Die Marke »katholische Kirche« kennen 100 Prozent der Deutschen, sie ist damit so bekannt wie Coca-Cola. »Das erfrischt richtig«, warb der Getränkehersteller in den 1960er-Jahren, dem Jahrzehnt des Zweiten Vatikanischen Konzils. Auch das sollte erfrischen.

Gut 50 Jahre später ist das Image von »katholisch« mit dem Wort »abgestanden« freundlich umschrieben.

Die Moral, das Frauenbild, die Solange-du-die-Füße-unter-meinen Tisch-stellst-Autorität – alles randständige Überbleibsel einer verflossenen Zeit. So appetitlich wie ein Colaglas, aus dem die Brause verdunstet ist. Nur noch ein klebriger Rest am Rand lässt die einstige Füllmenge erahnen.

Die katholischen Markenzeichen galten nicht immer als sonderbar. Sie waren so mehrheitsfähig wie das Jägerschnitzel mit Pommes und Cola, das ich, Jahrgang 1968, als Kind sonntagsabends zwischen meinen Eltern im gutbürgerlichen Lokal unseres Dorfes verspeiste. Die Gaststätte liegt nur wenige Schritte von der Kirche entfernt. Um 19.30 Uhr, nach dem letzten von vier gut besuchten Gottesdiensten, füllten sich die Tische des Restaurants. Wenn die

Schwingtür zur Küche aufging, war über der Herdlandschaft ein Plakat der Agrarmarketinggesellschaft CMA zu sehen. »Fleisch ist ein Stück Lebenskraft«, behauptete es. Das glaubten die im Gastraum Versammelten aufs Wort. Genauso glaubten sie den Satz, den der Priester kurz zuvor in der Messe gesagt hatte: »Das ist mein Leib, der für euch hingegeben wird.« In unserem Dorf gab es keine Vegetarier und keine Atheisten, jedenfalls keine bekennenden.

Der Besuch am Tisch des Herrn war sonntags so selbstverständlich und gleichzeitig so besonders wie das Schnitzel mit Pilzsauce danach. Kommunion mit Champignons, Kummion mit Schammpijongs, sagte man im Rheinland. Die Schafsaugen glänzten, wenn einfache Menschen sonntags feine, fremde Wörter aussprechen durften.

Mittlerweile flößt die Dreifaltigkeit aus Moral, Männlichkeit und Machtanspruch auf dem Dorf kaum mehr Respekt ein. Das Lokal meiner Kindheit gibt es immer noch. Wir gehen ab und an dorthin, wenn meine Mutter etwas zu feiern hat. Schon lange bekommt die neubürgerliche Kundschaft dort auch Vegetarisches; die Küche ist regional und frisch. Das Jägerschnitzel steht wie übrig geblieben auf der Karte.

Die katholische Kirche tischt weiterhin Fleischliches auf, zäh gebraten, vorgekaut und vorverdaut, mit aufgewärmten Pilzen. Sex ist ihr Stück Lebenskraft, Keuschheit ihr Ideal. Dieser Widerspruch zeitigt bei gnädiger Betrachtung skurrile Folgen, bei ungnädiger gefährliche, giftige.

Eine Besichtigung der Sonderwelt könnte man als ethnologische Feldstudie verstehen, als teilnehmende Beobachtung eines seltsamen Völkchens in einem abgelegenen Dorf. Ohne Sinn für Realsatire und Selbstironie lässt sich das Herdendasein nicht aushalten, erst recht nicht als weibliches Schaf. Herden-Hierarchen sagen

Sätze wie: »Jesus hat bewusst nur Männer ausgewählt«. Wer so blasiert daherredet, blamiert sich, jedenfalls in meinen Ohren. Die komisch-katholische Seite habe ich in meinem Buch »Der Weiberaufstand« beschrieben. Auch in diesem Essay kann ich vom Spott nicht lassen.

Bei aller Lebenskraft, die ich aus der ironischen Distanz beziehe, genügt diese Perspektive nicht. Sie wird weder den Beobachteten noch den Teilnehmenden gerecht. Denn es ist ernst: Damit meine ich nicht die Lage der katholischen Kirche. Ich meine die Lage katholischer Menschen. Die meisten grasen nicht wie eine Schafherde auf entlegenen Weiden. Sie haben sich nicht in eine Sonderwelt zurückgezogen. Sie leben und lieben so plural, so gut und schlecht bürgerlich, so irdisch und höllisch wie der Rest der Gesellschaft. Sie ignorieren nachsichtig bis offensiv, was das katholische Lehramt ihnen Ungenießbares zu Verehrung und Vermehrung auftischt. Die wenigsten gehen regelmäßig in die Messe, viele haben regelmäßig Sex ohne Ehe. Die Schafe stellen sich taub, wenn die Hirten Anweisungen geben. Sie folgen lieber ihrer inneren Stimme oder anderen, schwer zu fassenden Autoritäten.

Viele scheren aus. Rund 216 000 sind 2018 ausgetreten, fast ein Drittel mehr als im Vorjahr, der zweithöchste Wert seit Aufzeichnung der Mitgliederstatistik. In Scharen laufen die Schafe den Hirten nicht davon, es reicht noch immer für ein Herdengefühl. Nicht diejenigen, die weg sind, geben Rätsel auf. Mysteriöser ist, warum so viele bleiben, obwohl für viele von ihnen die Schmerzgrenze überschritten sein müsste.

Der Katholizismus ist berühmt für seine eingängige Bilderwelt, für das gläubige und ungläubige Staunen, das sie hervorruft. Die beiden wichtigsten Bilder – die Schafherde und die Familie – sind zwiespältig und doppelbödig. Die Idylle der Kuscheltruppe täuscht ebenso wie das Lächeln auf Festtagsfotos. Familie und Herde sind komplizierte Gebilde, in denen Geborgenheit mit Gehorsam, Freiheit mit Abhängigkeit, Gleichberechtigung mit Unterordnung erkauft werden. Familie und Herde können schön sein und schrecklich, heilsam und verletzend.

Ich bin ein Schaf, holt mich hier raus. Ich bin ein Schaf, holt mich zurück. Ich bin zerrissen katholisch. Ich bin viele – wie viele andere auch.

Katholiken sind Individuen und Herdenmenschen, Demokraten und Untertanen, treu und treudoof. Katholikinnen waren erst recht Untertaninnen. Die katholische Konditionierung hat vor allem Frauen zu Dauerdemut verdonnert. Deutsche Katholikinnen und Katholiken leben politisch in einer Demokratie, kirchlich in einer Monarchie. Die Gesellschaft hat mühsam gelernt, Nicht-Männern und Nicht-Heterosexuellen gleiche Rechte zu geben. Die römisch-katholische Gemeinschaft verlangt von ihren Angehörigen, solche Gedanken zu vergessen. Wer als Bürgerin im Schafspelz lebt und sowohl die Kirche als auch den Staat ernst nimmt, spürt die Spannung. Die treuesten Schafe halten seit vielen Jahrzehnten den Dehnungsschmerz aus, nicht klaglos, aber duldsam.

Dass sich die Kirche emanzipatorischen und demokratischen Entwicklungen anpasst, wird von einem Teil der Herde seit Jahrzehnten ersehnt, vom anderen gefürchtet. Es gibt keine Hinweise darauf, dass ein Systemwandel bevorsteht. Die Drohkulisse ist jedoch schon aufgebaut: Wenn die Staatsbürger im Schafspelz ihre Vorstellungen von Kirche durchsetzen, wenn sich tatsächlich etwas ändert, dann stiebt die Herde angeblich auseinander, dann verschwindet die Una Sancta.

Was trotz aller Verbrechen und Skandale Millionen zahlende Mitglieder in der katholischen Kirche hält, lässt sich mit rationalen

Mitteln nicht erfassen. Dabei ist die Herde gut erforscht. Manche pflegen eine Vernunftbeziehung zur Kirche. Sie lassen sich monatlich scheren und erwarten für ihre Kirchensteuer eine Gegenleistung: den Kindergartenplatz, den Arbeitsplatz bei der Caritas, das Gymnasium mit gutem Ruf, die schöne Hochzeitskulisse, die feierliche Beerdigung mit Jenseitsoption.

Weniger nutzwertorientiert sind die Phantom-Schafe. Sie bilden die größte Gruppe, aber man übersieht und überhört sie leicht. Sie erwarten weder regelmäßigen spirituellen noch sozialen Service, beteiligen sich nicht an Debatten über Hirten, Weiden und Wege. Sie lächeln milde, wenn sie auf Skandale angesprochen werden. Kondomverbot und Frauendiskriminierung lassen sie kalt. Das unsichtbare Schaf unterstellt sanftmütig, dass selbst die schlechteste Kirche noch für etwas gut sein könnte in dieser Gesellschaft. Kirche bedeutet: irgendwas mit Nächstenliebe, irgendwas für die Armen, Mühseligen und Beladenen. Ohne Kirche wären Menschen am Rande der Gesellschaft verloren, glaubt das Phantom-Schaf.

Das kirchliche Management ist reich an Beratern. Milieustudien verbuchen diesen wohlmeinenden Schaftypus unter »randständig« und schwach gebunden. Dabei fühlt sich das Phantom-Schaf nicht verloren, es will nicht zurückgeholt werden, denn es ist nicht weg. Es hält freundliche Distanz und weidet sich an dem, was aus der Ferne positiv erscheint. Ein pflegeleichteres Tier können die Hirten kaum finden.

Mehr Mühe machen die Treuesten der Herde: Diese Schafe engagieren sich in Gemeinden und Verbänden. Manche sind früher still mitgelaufen und schlagen jetzt Krach, weil sie entweder aufgewühlt sind vom Ausmaß sexualisierter Gewalt oder vom Ausmaß der Kritik an der Kirche.

Die treuen Schafe gibt es mit links- und rechtsgebürstetem Fell.

Beide Gruppen können nicht ohne-, aber auch nicht miteinander. Beide trauern um eine Kirche, die es nie oder nur kurz gab: die Rechtgläubigen um das Haus voll Glorie des 19. Jahrhunderts, die Liberalen um den Hüttenzauber der 1970er-Jahre.

Die rechten Schafe treiben die anderen vor sich her. Sie haben die Wahrheit im Kopf und wichtige Hirten im Rücken. Sie betonieren ihre Wege und nennen das Tradition. Ganz gleich, welches Problem am Wegesrand auftaucht, stets lautet ihre Formel: Wenn sich alle an die Lehre gehalten hätten, wäre das nicht passiert. Sie achten besonders auf das Triebleben der anderen. Wer katholisch ist, bestimmen sie, ganz gleich, wer unter ihnen als Heiliger Vater dient. Wer ihnen nicht folgt, kann in ihren Augen kein Schaf sein, jedenfalls kein weißes. Sie träumen von der kleinen, reinen, folgsamen Herde. Wenn die Lauen und Grauen endlich gingen, so wäre das würdig und recht.

Die Linksgebürsteten tun seit Jahrzehnten so, als bereiteten sie einen Ausbruch vor und bleiben doch. Es könnte ja sein, dass der ersehnte Hirte mit Hüftschwung vorbeikommt, der Triebkontrolle für überholt und Frauen für Menschen hält. Feuchte Augen bekommt das linksdrehende Schaf, wenn es vom Essener Katholikentag 1968 erzählt, dem katholischen Woodstock. In einer Resolution wurde damals der Rücktritt des Papstes gefordert, sexuelle Revolution auf Katholisch hieß: Eheleuten sollten Pille und Kondom erlaubt sein. Mit Wehmut denken sie an die Würzburger Synode. Anfang der 70er-Jahre machten sich deutsche Bischöfe ein bisschen locker.

»Würzburger Was?«, fragen die wenigen Schafe unter 30, wenn Opa aus der Zeit erzählt, als der Katholizismus in Deutschland jung und wild war. Aus der Revolte wurde eine Reformkonferenz. Deren Ergebnisse verschwanden hinter den sieben Hügeln Roms.

Im Jahr 1995 unterschrieben in Deutschland mehr als 1,8 Millionen Menschen ein Kirchenvolksbegehren. Gleichberechtigung der Geschlechter, Freistellung des Zölibats, mehr Partizipation für Laien: Keine Forderung wurde Wirklichkeit, die Schafe schrieben geduldig weitere Reformkataloge. Die endeten wie Neckermann und Quelle.

Seit dem Frühjahr 2019 protestieren unter dem Namen Maria 2.0 Frauen und Männer. Als im Mai 2017 »Der Weiberaufstand« erschien, habe ich den Anfang vom Aufstand vermisst. Jetzt ist er unübersehbar.

Was bedeutet Kirche den Hochverbundenen? Eine Familie mit einem Vater in Rom und einem Vater im Himmel. Eine Herde von rund 1,2 Milliarden römisch-katholischen Schafen weltweit, auf die weltweit 414 000 Pastores – Priester – und 5200 Oberhirten – Bischöfe – aufpassen. Ein rechtliches Gebilde, dargelegt im Codex Iuris Canonici CIC, theologisch gedeutet in Millionen Schriften.

Fragt man die Mitglieder, antworten sie weder mit kirchenrechtlichen Bestimmungen noch mit ekklesiologischen Fachbegriffen. In einer Austrittsstudie des Bistums Essen steht, fast nebenbei, der verblüffende Satz: »Der Gottesglaube ist für die Mehrheit der Katholikinnen und Katholiken wichtig.« Die Mehrheit antwortet auf die Frage, was Kirche ist: irgendwas mit Gott und irgendwas mit Glauben.

Fragt man die Nicht-mehr-Katholischen nach den Gründen dafür, die Kirche zu verlassen, spielt Glaubensverlust eine untergeordnete Rolle. Der Austritt stehe am Ende eines langen Entfremdungsprozesses von der Institution, erklären verschiedene Studien einhellig. Die Kirche könne die Frage nicht mehr beantworten: Was bringt es mir, Mitglied zu sein?

Das Gegenteil von Entfremdung ist Vertrautheit. Katholizität ist für die Treuen nicht nur eine Lehre, nicht nur eine Herde, nicht nur ein Glaube. Es ist ein Gefühlsgemisch: Gottvertrauen, Dankbarkeit, Sentimentalität, Nostalgie, Geborgenheit, Unwohlsein, Trotz, Wut. Was Max Weber 1922 über charismatische Herrschaft schrieb, stimmt auch fast 100 Jahre später: »Der Herrschaftsverband Gemeinde: ist eine emotionale Vergemeinschaftung.«

Der Hauptgrund für die Schafsgeduld der Zerrissen-Katholischen dürfte die Liebe zu einer Kirche sein, die so edel, hilfreich und gut nur in der Fantasie existiert. Die Liebe gilt einer Sehnsucht. Die Kirche sei »Heimat für die Seele«, sagt Lisa Kötter, eine der Initiatorinnen von Maria 2.0. Der Blogger Thomas Wystrach nennt diesen komplizierten Beziehungsstatus in einem Beitrag für das Online-Magazin »Die Eule« ein »masochistisch gepflegtes Leiden an der Kirche, ein fast pathologisch gewendetes sentire cum ecclesia«. Den Schmerz zeigte eine Ausgabe der Schweizer Fernsehsendung »Sternstunde« mit dem Titel »Kirchenaustritt: Befreiungsakt oder Verzweiflungstat?« besonders deutlich. Von »Liebeskummer« und »Trauerarbeit« sprachen Ausgetretene wie Nicht-Ausgetretene. Die katholische Trennlinie verläuft nicht zwischen drinnen und draußen, sie verläuft innerhalb der Herde: zwischen rechts und links, autoritär und plural, monolithisch und zerrissen.

Für das Gros der Schafe, für die smarten Vernunft- und die stillen Phantomschafe wäre das Wort »Liebe« als Kennzeichnung ihres Beziehungsstatus zu pathetisch, zu kitschig. Sie würden auch nicht so weit gehen, die Kirche als Heimat zu bezeichnen. Sie sehen in ihr, laut der Studie des Bistums Essens, eine »Heimat für andere«. Sie haben sich in einer Fernbeziehung arrangiert. Die innerlich Aufgewühlten fühlen sich dagegen wie Heimatvertriebene. »Hau ab«, schallt ihnen aus verschiedenen Etagen der Hierarchie entgegen.

Die Generaloberin der Oberzeller Franziskanerinnen, Katharina Ganz, stellte Papst Franziskus bei einer Audienz im Mai 2019 eine kritische Frage zur Diakoninnenmöglichkeitskommission. Franziskus belehrte die promovierte Theologin über die Offenbarung und erklärte, wem das nicht passt, der könne ja gehen. Der Vatikan bemühte sich, die Frauenverachtung zum Scherz umzudeuten. Doch die Wandlungsworte wirken nicht. Franziskus hat nicht das gesagt, was heimatlos Heimatsehnsüchtige von einem Hirten hören wollen: Bitte bleib, damit nicht alles bleibt, wie es ist.

Dieses Buch liefert trotz des Titels keine Durchhalteparolen und kein Beruhigungsfutter. Es ist Anklage und Selbstanklage. Viel zu lange haben wir Schafe mit dem linksgebürsteten, dicken Fell uns abspeisen lassen und uns selbst abgespeist. Wir haben die Schuld dieser Kirche und die tatsächlich Leidtragenden aufgrund unseres eigenen Leidens an der Institution nicht sehen wollen.

Am Ende meiner Weiberaufstand-Lesungen, wenn das Publikum über das Gehörte diskutiert, steht fast immer jemand auf und sagt: »Die Botschaft Jesu ist so fantastisch, die dürfen wir uns doch nicht von den Bischöfen kaputt machen lassen. Der Glaube ist mehr als die Amtskirche.«

Das ist ermutigend gemeint, aber ein billiger Trost. Jesus ist nicht immer die Lösung. Ich kann meinen Glauben, genauer: das, was davon übrig ist, nicht von der Institution trennen. Weder meine Eltern noch ich hätten irgendetwas mit zu Gott zu tun bekommen, wenn er – oder sie – uns nicht durch diese Institution vermittelt worden wäre. Ich bin in die Kirche hineingewachsen, erst fraglos, dann fragend. Von der Pubertät an war meine Beziehungsstatus kritisch-loyal. Ich war nicht kritisch genug, der Kirche meiner Kindheit und Jugend so viel kriminelle Energie zuzutrauen. Strukturfragen sind keine Kleinigkeit, sie lassen sich vom Glauben nicht trennen. Vielleicht stimmt mit der Botschaft etwas nicht, wenn sie eine solche Institution hervorbringt.

Durch die intensive Auseinandersetzung mit Lehre und Realität dieser Kirche ist in mir einiges zerbrochen. Diese Brüche verschwinden nicht durch den Hinweis auf die »eigentlich tolle Message« und die »eigentlich gute Arbeit« von so vielen. Gute Ideen und gute Leute tarnen giftige Gedanken und autoritäre Strukturen.

Meine Beschädigungen sind belanglos verglichen mit dem, was Kindern, Jugendlichen und Ordensfrauen durch sexualisierte Gewalt angetan wurde. Die Kirche war mir nie so nah, dass ihr Gift mir hätte gefährlich werden können. Ich habe ihre Lehre nie so ernst genommen, dass ich unter ihr leiden konnte. Betroffen in diesem Sinne bin ich nicht. Doch auch Schafe haben Verantwortung. Ich vermisse im lauten Blöken die leise Selbstkritik: Was haben die Verbrechen mit uns zu tun? Mit denen, die weder Täter noch Opfer waren? Und: Was sollten wir jetzt tun?

»Nicht die Bischöfe sind Kirche, wir sind Kirche.« Auch dieser Zwischenruf kommt zuverlässig bei jeder Lesung aus dem Publikum. Dahinter steckt die Sehnsucht nach einem Aufstand der Anständigen gegen das Versagen der Zuständigen. Gegen die Täter, die Vertuscher, die Relativierer, die Bagatellisierer. Doch wir, die wir uns für anständig halten, vergessen gern zu erwähnen, dass wir nicht aufmerksam hingeschaut haben. Nicht in der Schule, nicht im Sportverein und erst recht nicht in der Kirche.

Zu meinen Lesungen kommen die Engagierten, die eher linksgebürstet-liberalen. Sie sind mindestens so alt wie ich, meistens älter und meistens treuer. Sie wollen nicht gehen. Sie möchten hören, wie man katholisch bleiben und heil werden kann. Treu, aber nicht doof. Viele machen trotz aller Wut ein Recht auf Optimismus geltend, ohne genau sagen zu können, wie eine Kirche ohne Zerreißprobe aussieht.

Ich bin bisher bei aller Kritik schafsgeduldig genug gewesen, um

Hirten und Heiligen Vätern immer wieder eine Chance zu geben. Vor allem Franziskus weckte Hoffnungen. Sein erstes Schreiben »Evangelii Gaudium« habe ich mit ungläubigem Staunen gelesen und gedacht: Der ist einer von uns. Hätte ein junger Theologe wenige Monate zuvor etwas ähnlich Kirchenkritisches verfasst, hätte er um sein Nihil Obstat fürchten müssen.

Im Februar 2019 ist davon fast nichts mehr übrig. Der freie Franz hat vor dem System kapituliert. Für seine Abschlussrede zum Anti-Missbrauchsgipfel im Vatikan brauchte ich drei Anläufe. Als Kind habe ich traurig endende Bücher mehrmals gelesen, weil ich dachte, beim zweiten oder dritten Mal enden sie freundlicher. Die Papstrede wurde mit jeder Lektüre schlimmer.

Franziskus sieht bei sexualisierter Gewalt die »Hand des Bösen« am Werk. Das muss das Gegenstück zur Hand Gottes sein, mit der Argentinien 1986 Fußball-Weltmeister wurde. Er warnt vor »ideologischen Polemiken und journalistischen Kalkülen«. So immunisiert man sich gegen Kritik von außen. Er hat juristische Selbstverständlichkeiten angekündigt und umgesetzt.

Der Vorsitzende der Deutschen Bischofskonferenz (DBK), Kardinal Reinhard Marx, und der Präsident des Zentralkomitees der Katholiken (ZdK) haben die Rede gelobt. Es sei ein Anfang, ein Punkt, hinter den niemand mehr zurückkönne, sagten sie.

Früher, in der Katholischen Landjugend, hätten wir an dieser Stelle »Kleines Senfkorn Hoffnung« angestimmt, unser treudoofes Recht-auf-Optimismus-Liedchen.

Ein erster Schritt vom doofen zum denkenden Schaf besteht darin, bei Durchhalte-Schlagern das Mitsingen zu verweigern und Hirten wie hohen Herdenmitgliedern klar zu sagen: Nicht in meinem Namen.

Das Lob des Anfängchens stabilisiert das giftige System wie der

Saucenbinder die gefährlich aufgewärmten Pilze. Es kostet nichts, es fordert nichts, was wehtut. Kein Bischof, der wegen sexualisierter Gewalt vor Gericht steht, hat sich selbst angezeigt. Bei der Konferenz im Vatikan ist niemand aufgestanden und hat gestanden, was er getan und was er unterlassen hat, was er wusste und was er vertuschte. Wenn es brenzlig werden könnte, verstecken sich die Männer mit Mütze hinter dem großen, diffusen »Wir«. Franziskus, Ex-Erzbischof von Buenos Aires, hätte vor der versammelten hohen Geistlichkeit »Ich« sagen können, stattdessen sprach er majestätisch von »der Kirche«.

Sein Vorgänger Benedikt XVI. äußerte sich zu vielen Dingen, erst recht seit er offiziell schweigen und beten wollte. Er hätte als ehemaliger Erzbischof von München und Freising, als langjähriger Präfekt der Glaubenskongregation und als Papst einiges zum Thema aus der Ich-Perspektive beizusteuern. Als er sich kurz vor Ostern 2019 des Themas Missbrauch annahm, gab er den 68ern und einem Teufelsweib namens Käte Strobel die Schuld.

Warum, zum Teufel, gebe ich, warum geben wir Schafe diesem Laden immer wieder eine Chance? Warum bist du noch drin?, werde ich seit der MHG-Studie ständig gefragt. Als Journalistin fällt mir die Antwort leicht. Ich bleibe dran. Je mehr diese Institution den Status Sonderwelt bekommt, desto größer wird die Gefahr, dass der Machtmissbrauch unbeobachtet bleibt.

Aber warum bleibe ich als Schaf drin? Ich stamml etwas von Nostalgie, Biografie und Identität. Mich muss niemand rausholen, ich könnte zum Amt gehen und fertig. Dann trüge ich ein unerträgliches System nicht mehr mit und wäre fein raus.

Das Publikum meiner Lesungen nimmt die hilflosesten Floskeln dankbar entgegen. Manchmal steht jemand auf und erklärt: »Ich bin seit einigen Monaten weg.« Oder: »Ich bin jetzt evangelisch.« Oder: »Ich bin jetzt alt-katholisch.« Dann folgt eine dieser komisch-katholischen Kollektiv-Reaktionen: das nickende Kopfschütteln. Das bedeutet: Wir können deine Entscheidung verstehen, aber für uns kommt sie nicht infrage. Wir bleiben, wir müssen zusammenhalten. Wir können die anderen nicht allein lassen mit denen da oben und den bissigen, rechtsgebürsteten Schafen. Auch Kirchenkritik kann kuschelig-wärmend sein.

Diese Kirche wird noch mehr zerstören und noch mehr Wunden schlagen, wenn wir weiter treu und brav in der Herde trotten. Geduld reimt sich auf Schuld. Wir Geduldigen sind Komplizen.

Im Anfang war das Nein und das Nein war bei Marx: das MHG-Beben

Der Kardinal sagt Nein. Sonst nichts. Es ist das letzte Wort einer denkwürdigen Pressekonferenz.

Der Reihe nach: Am Mittag des 25. September 2018 stellt die Deutsche Bischofskonferenz in Fulda die Ergebnisse einer Studie vor. Der Titel klingt wenig mediengängig, das mediale Interesse ist groß: »Sexueller Missbrauch an Minderjährigen durch katholische Priester, Diakone und männliche Ordensangehörige im Bereich der Deutschen Bischofskonferenz«. Die beteiligten Forschungsteams arbeiten an Instituten in Mannheim, Heidelberg und Gießen, deshalb wird das Konvolut als MHG-Studie abgekürzt.

Die wichtigsten Ergebnisse hat die Wochenzeitung »Die Zeit« zwei Wochen vorher bekannt gemacht. »Das Ausmaß des Verbrechens« ist der »Zeit online«-Artikel vom 12. September überschrieben. Zwischen 1946 und 2014 gab es laut Aktenlage 3677 Betroffene und 1670 Beschuldigte; gegen 5,1 Prozent der Priester liegen einschlägige Vorwürfe vor. Die Zahlen sind Mindestangaben, tatsächlich dürfte es weit mehr Täter und weit mehr Opfer geben. Kirchliche Dokumente wurden vernichtet oder bereinigt, längst nicht alles ist aktenkundig geworden. Ob man die Zahl mit 10 multiplizieren muss oder mit 100, bleibt offen. Sexueller Missbrauch in Ordenseinrichtungen hat die MHG-Studie nicht erfasst.

Am Tag, bevor das Forschungsergebnis offiziell in Fulda präsentiert wird, schickt mir jemand die gesamte Studie zu. Ich gehe sie in der Nacht vor der Pressekonferenz durch, einmal und noch ein zweites Mal, unterstreiche Passagen, schreibe Zahlen heraus. Das Durchschnittsalter der Betroffenen laut Personalaktenanalyse: zwölf Jahre, Kinder also. Die Durchschnittsdauer des Missbrauchs liegt bei rund 15 Monaten. Für 22,7 Prozent dauerte die Qual drei bis fünf Jahre, für weitere rund 11 Prozent länger als vier Jahre.

Kein Schicksal ist durchschnittlich, kein Mensch möchte auf statistische Mittelwerte reduziert werden. Es ist trotzdem wichtig, einige zu nennen. Denn zwischen der »Zeit« Veröffentlichung und der hoheitlichen Präsentation der MHG-Studie bemächtigen sich Relativierer des Themas. Die Studie sei »spektakulär misslungen«, zitiert das Portal »kath.net« den Psychiater und Bestsellerautor Manfred Lütz. Im »Vatican-Magazin« und auf »kath.net« hat schon im August 2018 ein namenloser Autor, der als Missbrauchsopfer vorgestellt wird, das Hohelied auf den Zölibat gesungen. »Er sah aus wie Don Camillo« ist der Text überschrieben, als handele es sich bei sexualisierter Gewalt um eine subsoutane Klerikalposse. »Ich habe ihm verziehen und hoffe auf Gottes Barmherzigkeit«, schreibt der Verfasser. Von weltlicher Gerichtsbarkeit ist nicht die Rede.

Es sind ebenso schwüle wie grausame Verteidigungsstrategien der reinen, Heiligen Kirche. Das rechtskatholische Milieu fürchtet, dass durch die MHG-Befunde der Zölibat abgeschafft und die Sexualmoral der Kirche verändert werden könnte. Entsprechende Medien schwören ihr Publikum darauf ein, dass die wahre Sünde im Sex außerhalb der Ehe lauert. Sexueller Missbrauch schrumpft zum Ausrutscher. Der Mensch ist fehlbar, das klerikale System nicht. »Verfehlung gegen das sechste Gebot« steht bezeichnenderweise auch in kirchlichen Akten.

Eine überdurchschnittliche Auffassungsgabe ist nicht nötig, um die Brutalität der oben genannten Durchschnittswerte zu verstehen: Angemessen wäre es, über Täter und ihre Strategien zu reden und nicht über »Ausrutscher«, über Kinder als Leidtragende und nicht über die arme, betrogene Kirche.

Die Institution hat die Täter geschützt, nicht die Schutzbefohlenen. Sexueller Missbrauch ist Machtmissbrauch. Die Taten haben einen katholischen Geschmack. Wie oft habe ich solche Sätze gelesen. Wie oft habe ich solche Sätze seit 2010 selbst geschrieben. An die »bedauerlichen Einzelfälle«, von denen deutsche Bischöfe jahrelang redeten, habe ich nicht geglaubt.

Der Abwehrreflex: »Missbrauch gibt es auch anderswo« macht einen Teil des Skandals aus. Von allen Selbstberuhigungsfloskeln ist diese die erfolgreichste. »Ich möchte ja nichts verharmlosen, aber...« »Ich möchte nicht zum x-mal das Argument hervorsuchen, dass der Missbrauch in der katholischen Kirche nur einen Bruchteil aller Missbrauchsfälle in der Gesellschaft ausmacht, aber...« »Ich möchte betonen, dass die katholische Kirche wie keine andere Institution dieses Kapitel aufarbeitet...« So beginnen Mails, so beginnen Interviews mit funktionstragenden Klerikern und Nicht-Klerikern, auch Liberale reden so. Die brennend bekennende Fraktion lässt Risikoforschung ohnehin kalt. Wer feste glaubt, hat seinen Unterleib fest im Griff. Wer sich nicht im Griff hat, muss schwul sein. Darauf sind die lehramtstreuen Truppen eingeschworen, ganz gleich, was die Wissenschaft dazu sagt.

Die MHG-Studie bestätigt, was ich weiß, und doch wühlt sie mich auf, als Journalistin und als Katholikin. Vor allem die Interviews mit den Betroffenen und mit den Tätern lassen mich nicht los. Die einen: benutzt und weggeworfen, alleingelassen und abgespeist. Die anderen benutzen ihre Macht während der Taten und danach: Es ist doch nichts Schlimmes passiert! Das kleine Luder wollte es doch auch! Mit einer Versetzung bin ich hart gestraft!

Auf Seite 266 ff. betrachten die Wissenschaftler jene Gruppe, die weder beschuldigt noch betroffen ist. »Anvertrauen an Dritte« nennen sie den Forschungsgegenstand. Von etwas mehr als der Hälfte der Betroffenen gibt es in den Personalakten dazu keine Angaben, immerhin knapp 12 Prozent aber vertrauten sich innerhalb des ersten Jahres jemandem an. »Allerdings gab es nur sehr wenige Hinweise darauf, dass anvertraute Personen staatliche Behörden über den Missbrauch informierten.« Vertuscht haben offenkundig nicht nur Kleriker.

Nach der Lektüre der 366 Seiten zieht eine 50-jährige katholische Sozialisation im Schnelldurchlauf vorbei. Ich erinnere mich daran, wie meine Großmutter sich auf die Brust klopfte, einen Satz aus der Messe murmelnd: »Durch meine Schuld, durch meine Schuld, durch meine übergroße Schuld«. Ich höre mich mit Kinderstimme zurückfragen: »Mein Gott, Oma. Was hast du denn so Schlimmes getan?«

Ich erinnere mich an Witze auf bunten Abenden der Gemeinde über den Pfarrer, seine Haushälterin, das gemeinsame Doppelbett. Die Witzereißer blickten angstvoll in Richtung Priester und hofften, er möge mitlachen angesichts des ungeheuerlichen Verdachts, dass ein Hochwürden kein Mann ohne Unterleib sein könnte. Der Geistliche lächelte meist gequält.

Ich erinnere mich an das Gerücht, dass Eltern ein paar Dörfer weiter ihre Kinder nicht mehr auf kirchliche Freizeiten mitschicken wollten; da sei irgendetwas vorgefallen, hieß es. Was genau, erfuhren wir nicht. Wir haben nicht nachgebohrt. Es gab Wichtigeres. Zum Beispiel die Frage, wer die Brötchen für die nächste Frühschicht schon um fünf Uhr besorgen kann. Oder was wir zum nächsten Pfarrfest beisteuern sollten. Oder ob Moni in Andreas verliebt ist. Unser Leben war ein Fest. So wie in dem Gedicht von

Markus Barth: »Wurde wirklich so schnell geküsst/ in jener Zeit?/ Ja, es wurde wirklich so schnell geküsst/ in jener Zeit. /Auch wenn man katholisch war?/ Auch wenn man katholisch war.«

Das Wort »sexueller Missbrauch« gab es damals noch nicht in unserem Dorf. Das Pfarrheim wurde in den Achtzigern vergrößert, weil so viele in der Kirche, nein: in der Gemeinde, mitmachen wollten. Neue Lieder wurden gesungen: »Knospen blühühühühen, Nächte glühühühühen. Menschen teiheiheiheilen, Wunden heiheiheiheilen.« Von einigen spezifisch katholischen Wunden ahnte ich etwas. Manche nach außen gute Ehe glich einer schlagenden Verbindung. Sie wurde durchgehalten, bis Gott sie schied.

In unserem kleinen frommen Kosmos wurde nicht über Sex gesprochen. Oma wohnte dem Herrn Pastor gegenüber. Sie machte den Fernseher aus, wenn ein Paar sich länger als drei Sekunden küsste. Bei ihrer Lieblingsserie »Die Waltons« war das nicht nötig. John und Olivia – immerhin Eltern von sieben Kindern – erweckten den Eindruck, sich ungeschlechtlich vermehrt zu haben. Meine Oma, auch Mutter von sieben Kindern, gehörte bis zu ihrem Tod mit 83 der Jungfrauenkongregation an.

Ich bin 1977 zur Erstkommunion gegangen. Damals war das Gebet- und Gesangbuch, das »Gotteslob«, so gut wie druckfrisch. 1975 kam es in die Kirchenregale. Der Unterwerfungshit »Hier liegt vor deiner Majestät im Staub die Christenschar« fehlte, stattdessen hieß es: »Nahe wollt der Herr uns sein, nicht in Fernen thronen«.

Der Beichtspiegel anno 1975 drückte unsere Nasen trotzdem tief in den Staub: »Wahre ich den Anstand bei der Wahl meiner Lektüre, der Filme und Lokale, die ich besuche, in meiner Kleidung, beim Reden und in meinem Benehmen? Oder lasse ich mich treiben von sexuellen Begierden?« So stand es in meinem ersten eigenen »Gotteslob« mit Goldschnitt und keuschem weißen Einband.

Wir neunjährigen Erstbeichterinnen kicherten beim Wort mit x. Ein paar Jahre später heulte ich, weil meine Mutter mir aus Anstandsgründen verbot, mit Schulfreundinnen »Grease« im Kino zu gucken. Zu gern hätte ich die Begierden zwischen John Travolta und Olivia Newton-John gesehen.

Katholisch – das war von Kindheit an auch ein verstörendes Gemisch aus Schuld und Sex, Macht und Keuschheit. Wer in den 1970er- und 80er-Jahren in einem kirchennahen, einfachen Milieu aufgewachsen ist, dürfte von dieser gefährlichen Mixtur etwas mit- und abbekommen haben.

»Diese Kirche tötet«, schrieb der Theologe Daniel Bogner im April 2019 in einem Essay für das Online-Feuilleton »feinschwarz«. Bogner ist 1972 geboren, meine Generation also. Er ist aufgewachsen in einer katholischen Kirche, in der nach dem Zweiten Vatikanischen Konzil vieles möglich schien: Synkopen wie Synoden. Die Jungen sangen zu Keyboard und Gitarre. Die etwas Älteren forderten, wenn sie rebellisch waren, Ämter für Frauen, ein Ende des Zölibats und eine Kirche ohne Prunk und Goldschnitt. Die weniger rebellischen Älteren trauerten dem vorkonziliaren Hochaltar nach und nannten den Pfarrer noch Hochwürden.

Als Kind gehörte ich keinem dieser Lager an. Das Wetter nahm mir die Entscheidung ab: Meinen »Gotteslob«-Goldschnitt spülte ein starker Sommerregen während einer Prozession hinweg.

Bogners Befund trifft viele kirchlich Engagierte der Generation Golf und Gotteslob ins Mark. Das Giftige, Gefährliche, Tödliche war in meiner damaligen Wahrnehmung eine Randerscheinung, der Endausläufer einer Kirche, die unsere Eltern und Großeltern kleingehalten hatte. Die Mitte unserer neuen Kirche war die Jugendgruppe. Dort knüpften wir Freundschaften, flochten Scheußliches aus Makramee und fanden Jesus okay.

Mein Makrameefaden ist über die Jahrzehnte dünner geworden, strapaziert von Machtspielchen und Frauenverachtung. In dieser Septembernacht von Fulda reißt er. Auf den 366 Seiten beschreiben die MHG-Wissenschaftler eine Täterorganisation. Verbrechen werden begangen, geduldet, umgedeutet. Kinder und Jugendliche werden einem höheren Ziel geopfert, der Heiligen Katholischen Kirche. Ein Unrechtsbewusstsein der Kleriker können nicht einmal die Psycho-Profis erkennen, schon gar nicht gegenüber den Betroffenen.

Dass die Kirche nicht so harmlos heimatlich ist, wie ich sie mir in meiner Jugend zurechtgeflochten habe, ist mir schon vor dem 25. September 2018 aufgefallen – spätestens, seit ich mich professionell als Journalistin mit ihr beschäftige und allerlei lese, was in den Regalen einer katholischen Dorfbücherei nicht stand. Karlheinz Deschners Kriminalgeschichte des Christentums spricht in dieser Hinsicht Bände: Kreuzzüge, Ketzerverfolgung, Kollaboration mit Diktaturen verschiedenster Couleur. Das historische Strafregister ist lang, das Schlimmste schien länger her zu sein. Ich habe der Kirche einiges zugetraut, aber Verbrechen dieses Ausmaßes mitten in unserer pluralen Gesellschaft konnte ich mir nicht vorstellen. Trotz der Studien aus Irland und Australien verharrte ich in Schafsgeduld und Gutgläubigkeit.

An jenem Dienstag im September 2018 wird der Kriminalgeschichte des Katholizismus ein neuer Band hinzugefügt. Der Krimi geht weiter und wir liberalen, demokratisch gesinnten und in kritischer Loyalität verbundenen Jugendbewegten der 1970er- und 80er-Jahre spielen darin eine Rolle. Wir haben vieles nicht wahrhaben wollen, denen da oben vieles als katholische Schrulle durchgehen lassen, viel Energie in Reformideen und wenig in Verbrechensbekämpfung investiert. Das zu erkennen tut weh.

In meinem Zimmer im Parkhotel Fulda habe ich ein mobiles Studio aufgebaut, ein paar Etagen tiefer beginnt um 13.15 Uhr die Pressekonferenz. Viele DLF-Sendungen möchten morgens und mittags Vorberichte und Kolleginnengespräche, »Missbrauchsskandal« steht in der Betreffzeile der Mails aus verschiedenen Redaktionen. Fast immer werde ich gefragt: Was kann bei diesem Pressetermin noch Neues verkündet werden, wenn doch die wichtigsten Zahlen durchgesickert sind? Vielleicht werden die Namen von Verantwortlichen genannt, antworte ich, auch wenn die MHG-Studie dazu auftragsgemäß keine Angaben macht.

Mein erster Kommentar vom 12. September 2018 zur Vorabveröffentlichung der Studie stand unter der Überschrift »Niemand sagt Ich«. Die Frage nach der persönlichen Verantwortung trug ich seitdem mit mir herum. Wie kann es sein, dass in einer so schuld- und sexfixierten Konfession Verbrechen an Kindern und Jugendlichen straflos bleiben? Wie kann es sein, dass in dieser hierarchischen Institution Hierarchen, sobald es unangenehm wird, in den Wir-Modus wechseln? Wenn es für sie gut läuft, sind sie die Herren der Kirche und sagen: »Ich habe entschieden.« Läuft es schlecht, sind wir alle Kirche und alle kleine Sünderlein.

Könnte es sein, dass es einigen Hirten nach der Lektüre der MHG-Studie so geht wie mir? In meiner schafsgeduldigen Naivität erwarte ich irgendein Zeichen der Unterbrechung, ein kollektives Rücktrittsangebot der Bischofskonferenz zum Beispiel. Der Saal im Parkhotel Fulda sieht nicht danach aus. Er ist im »Läuft bei mir«-Dekor ausstaffiert. Eine selbst gewählte Störung im bischöflichen Betriebsablaufs ist augenscheinlich nicht vorgesehen. Pressekonferenz heißt gut sichtbar: Oben sitzt die Konferenz, unten die Presse. Die Deutungshoheit hat die DBK durch die Vorabveröffentlichung verloren, hier wird die Rückeroberung inszeniert.

Auf der Bühne reiht sich Namensschild an Namensschild, Titel an Titel, mehrere Professores, ein Bischof, ein Kardinal, neun Männer, eine Frau. Die Dramaturgie sieht vier Redebeiträge vor: Kardinal Reinhard Marx eröffnet, der Forensiker Harald Dreßing fasst die Studie zusammen, die Staatsministerin a. D. Roswitha Müller-Piepenkötter bringt die Opferperspektive ein.

Das letzte Wort hat Stephan Ackermann, der Missbrauchsbeauftragte der DBK. Er biegt kurz vor Schluss scharf in die Jesus-Kurve ein und zitiert eine Passage aus dem Markus-Evangelium: »Ihr wisst, dass die Herrscher ihre Völker unterdrücken und die Mächtigen ihre Macht über die Menschen missbrauchen. Bei euch soll es nicht so sein, sondern wer bei euch groß sein will, der soll euer Diener sein.« Zuerst vergisst Ackermann, die Betonung auf »euer« zu legen. Er korrigiert sich und stellt die Verbindung zu seinem Aufgabengebiet her: »Was wir hier hören, das trifft ins innerste Herz des Evangeliums und deshalb kann es uns nicht kaltlassen.« Er liest den Text ab, auch seinen Schlussschwur spricht er nicht frei. Er wolle den Weg der Bekämpfung des Missbrauchs »beharrlich fortsetzen«, sagt er.

Wer anderen sexuelle Gewalt zufügt, verrät das Evangelium. Das stimmt. Aber die Aussage setzt einen merkwürdigen Akzent. Hauptgeschädigte sind weder die Heilige Schrift noch die »Heilige Katholische Kirche«. Es sind die Kinder und Jugendlichen, über deren Würde sich die Repräsentanten der angeblich dienenden und heilsnotwendigen Institution hinweggesetzt haben.

Nach 58 Minuten und sechs Sekunden sind alle vorbereiteten Erschütterungsbeteuerungen verlesen, alle geplanten wissenschaftlichen Erklärungen abgegeben. Die Namensschilder stehen unerschüttert in Reih und Glied. »Vielen Dank, Herr Bischof Ackermann«, sagt DBK-Pressesprecher Matthias Kopp. »Jetzt kommen

Ihre Fragen und die Antworten. Bitte nehmen Sie ein Mikrofon, das ich entsprechend zuteile, wir beginnen beim ›Spiegel‹.«

Zuteilen. Die katholische Kirche, die dort zu besichtigen ist, liegt keineswegs zerknirscht im Staub. Sie agiert hoheitlich auf der Bühne und vergibt Rederechte an die Journaille zu ihren Füßen. Die Gnade der ersten Frage wird einem Kollegen des »Spiegel« gewährt. Er bedankt sich zunächst für die Vorstellung des Berichts, dann spricht er die jahrzehntelangen Vertuschungen an.

Ich vermute, dass er dasselbe wie ich wissen möchte: Wer hat vertuscht? Wer bekennt sich? Er fragt nach strukturellen Folgen und der heterogenen Datenbasis. Einige Minuten später erkundigt sich Joachim Frank, Chefkorrespondent der Dumont Mediengruppe, nach personellen Konsequenzen. Reinhard Marx spricht von Richtlinien aus dem Jahre 2002, die wahrscheinlich eingehalten wurden oder vielleicht doch nicht ganz. Falls sie nicht beachtet wurden, dann habe das nicht in seiner Verantwortung gelegen.

Marx weicht aus. Der Wendepunkt, den er am Vortag angekündigt hat, ist ein Winden und Wenden.

Nach einer knappen Dreiviertelstunde kündigt Matthias Kopp an, nur noch zwei Fragen zuzulassen. Die erste geht an den Evangelischen Presse Dienst epd. Ob die Kirche die Untersuchung in staatliche Hände geben werde, fragt die Kollegin. Staatliche Kommissionen mit Zugriffsrechten auf die kirchlichen Akten hat es in Australien und Irland gegeben. Marx schaut irritiert, dann gibt er zu Protokoll, er könne sich das mit Blick auf die Fülle der Dokumente nicht vorstellen, da gebe es ja auch noch die Orden. Außerdem seien die Wissenschaftler, die die DBK beauftragt habe, seriös und unabhängig. Stephan Ackermann ergänzt, es sei ein Zeichen besonderen Verantwortungsbewusstseins, dass die Kirche diese Aufgabe nicht an den Staat delegiere.

Winden und wenden, drehen und wenden, bis es passt. Der Kardinal verschränkt die Arme, dann legt er sie übereinander. Sein Ring glänzt im Licht der Scheinwerfer. Bald, so strahlt er aus, hat er diesen unangenehmen Termin geschafft. Dann können die Bischöfe wieder in ihre Beratungen gehen, unbehelligt von der Welt da draußen. Dann kann die Aktenanalyse zu den Akten gelegt werden.

Eine Frage fehlt noch. Diese geht an – »Frau Florin, Sie haben sich schon ganz lange gemeldet. Das Mikrofon kommt«. Der Pressesprecher erteilt mir das Wort.

Fünf Prozent der Priester sind Beschuldigte. Der Forensiker Harald Dreßing hat diese Zahl in einem Schaubild an die Wand geworfen. Fünf Prozent der Vollversammelten, das wären in etwa drei. Das Mikrofon ist da, ich spreche hinein: »Eine Frage noch zur persönlichen Verantwortung. Hier sind jetzt über 60 Bischöfe versammelt. Gibt es einen oder zwei, die im Zuge ihrer Beratung gesagt hätten: Ich habe so viel persönliche Schuld auf mich geladen, ich kann eigentlich diese Verantwortung des Amtes nicht mehr tragen?«

18 Sekunden dauert die Frage. Drei Sekunden Stille folgen. Ich bilde mir ein, ein Knistern im Saal zu spüren. Das Wort Rücktritt ist nicht gefallen, es liegt in der Luft. Der Bischof schaut hilfesuchend zum Kardinal. Dem genügt ein einziges Wort: »Nein.«

Stephan Ackermann zuckt mit den Schultern und nickt. Er sagt Ja zum Nein.

Die Pressekonferenz ist vorbei. Die Kolleginnen und Kollegen eilen zu ihren Arbeitsplätzen. Einer ruft mir lachend zu: »Wie kann der Kopp nur so blöd sein, dir die letzte Frage zu geben.«

Im Ende war das Nein.

Im Anfang ist das Nein.

In mir arbeitet es weiter, bis heute.

Ich laufe nach dem Schlusswort hinauf in mein Zimmer, die Kollegen aus der Politik-Redaktion möchten einen Kommentar für 19.05 Uhr und einen Bericht für verschiedene Spätsendungen. Ich höre die Aufnahme der Pressekonferenz nach und staune, wie leicht wir Journalistinnen und Journalisten es den Herren Bischöfen gemacht haben. In anderen Ländern stehen hohe Geistliche vor Gericht wegen Missbrauchs und Vertuschung, in Deutschland bleiben die Beschuldigten ohne Namen, ohne Gesicht. Bischöfe können es sich leisten, eine Studie in Auftrag zu geben, mit der sich Verantwortung verschleiern lässt. Sie können es sich leisten, in eine Pressekonferenz zu gehen, ohne sich auf die Frage nach persönlicher Schuld und Amtsverzicht eine Antwort überlegt zu haben.

»Bei euch aber soll es nicht so sein« – das Evangelium nach Ackermann wird durch die Schlusspointe von Marx erst wahr. Die Rücktrittsfrage ist bei Polit- und Wirtschaftsskandalen in Pressekonferenzen selbstverständlich, im kirchlichen Kontext wirkt sie unerhört. Er habe die Bischöfe darauf vorbereitet, dass eine Frage dieser Art komme, sagt Harald Dreßing ein Jahr später in einem Beitrag fürs ZDF-Morgenmagazin. Es wird schon nicht so sein, dürften die Bischöfe gehofft haben.

Während ich in meinem Hotelzimmer-Studio einen Bericht für die Spätsendungen aufnehme, gehen auf meinem Handy Nachrichten ein. »Bin stolz, dass ausgerechnet diese Frage von einer von uns kam«, schreibt eine DLF-Kollegin. »Reporterglück!«, gratuliert ein Kollege. Die »Tagesthemen« übernehmen die Nein-Schlussszene der Pressekonferenz, die ZDF-Sendung »Frontal« baut sie am gleichen Abend in einen Beitrag ein. Ein paar Tage später wird Oliver Welke die kurze Videosequenz samt bischöflichem Blickwechsel in die »heute show« einspeisen. »Diese Journalistin wäre ein paar 100 Jahre früher auf dem Scheiterhaufen gelandet«, witzelt der Anchorman.

Aus der katholischen Community kommen andere Reaktionen: Eine Suggestivfrage sei das gewesen, lässt mich ein Vertreter des Verbandskatholizismus wissen. Andere versuchen sich als Therapeuten: »Die Kirche muss Ihnen Schreckliches angetan haben, dass Sie sich so an ihr abarbeiten müssen. Sind Sie selbst Missbrauchsopfer?«. Ein Kollege mutmaßt: »Haben Sie etwas Persönliches gegen Kardinal Marx?«

Ich antworte kardinalesk kurz: Nein. Weder bin ich Opfer sexualisierter Gewalt noch habe ich persönlich etwas gegen einen Erz-, Weih- oder vorsilbenlosen Bischof. Ich kritisiere, was sie tun und nicht, wer sie sind. Machtkontrolle gehört zu unseren journalistischen Aufgaben. Politikredaktionen beobachten die politischen Akteure. Religionsredaktionen nehmen sich religiöse Institutionen vor: Kirchen, muslimische Verbände, buddhistische Meister, freischwebende Gurus mit Meditationshintergrund. Ich arbeite mich nicht ab. Ich arbeite.

In katholischen Streitfällen wird dem Gegenüber meistens gar nicht erst zugetraut, dass Wahrheitssuche und Gerechtigkeitssinn relevante Beweggründe für eine Recherche sein könnten. Unterstellt wird Aktivismus, eine eigene Agenda, ein Trauma. Katholische Kontroversen werden sofort persönlich. Sie stecken voller naturalistischer, biografischer und genetischer Fehlschlüsse: Wer sich für die Gleichberechtigung von Homosexuellen einsetzt, muss selbst homosexuell sein. Wer die Kommunion für wiederverheiratete Geschiedene richtig findet, muss vor den Trümmern seiner eigenen Ehe stehen. Wer zum Thema sexualisierte Gewalt recherchiert, muss selbst ein Opfer sein. Wer nach Schuld und Verantwortung fragt, will Rache.

Auf einem Deutschlandfunk-Podium zum Thema Religion in den Medien sagt einige Monate später Essens Generalvikar Klaus

Pfeffer, er habe den Eindruck, manche Journalisten wollten Köpfe rollen sehen, wenn sie nach persönlicher Schuld und Rücktritt fragen. Die Entscheidungswege in einem Bistum seien komplex. Wenn eine Beschuldigung wegen sexuellen Missbrauchs erhoben werde, seien viele damit befasst, nicht nur der Bischof.

Ich fühle mich angesprochen, nicht nur, weil ich das Podium moderiere. Klaus Pfeffer war selbst Journalist, er kennt den berufsbedingten Jagdinstinkt. Will ich die Bischofsmütze wie eine Jagdtrophäe: Schaut her, den habe ich erlegt? Ich antworte im Stillen wieder kardinalesk einsilbig: Nein.

Es macht professionell misstrauisch, wenn in anderen Ländern hochrangige Kleriker vor Gericht stehen, in Deutschland jedoch allenfalls verstorbene Bischöfe beschuldigt werden. Statistische Wahrscheinlichkeit ist kein Beweis, aber ein Hinweis. Zugegeben wird im DBK-Hoheitsgebiet nur, was nicht geleugnet werden kann. Osnabrücks Bischof Franz-Josef Bode gesteht in seiner Weihnachtspredigt 2018, er habe die Wiedereinsetzung eines Täters unterschrieben. Ein »Ich« als Weihnachtsgeschenk. Eine ARD-Dokumentation vom Februar 2019 berichtet, dass der heutige Freiburger Erzbischof Burger in seiner früheren Funktion als Offizial einen Missbrauchsbetroffenen 2010 dazu überredete, keine Anzeige vor einem Kirchengericht zu erstatten. Der ARD-Story folgt – nichts.

Für mich ist das Marxsche Nein ein Moment der Wahrhaftigkeit in einer verlogenen Inszenierung. Die Verblüffung und der genervte Unterton wirken fassungsloser als die eingeübte Fassungslosigkeit. Viele Betroffene schreiben, nachdem sie den Live-Stream der Pressekonferenz gesehen haben, sie hätten das Nein des Kardinals als neuerliches Abwenden empfunden. Die Empathielosigkeit, die ihnen die Institution bis dahin entgegengebracht hat, verdichtet sich in diesen gepanzerten vier Buchstaben. In letzter Minute entlarven sich Erschütterungsroutine und Demutsgigantismus selbst. Missbrauch lässt sich nicht wegmoderieren wie ein überteuertes Bischofspalais mit Regenwalddusche und berührungsempfindlichen Lichtschaltern, wie verzockte Millionen und überforderte Finanzkontrolleure.

Die Wissenschaftler und die Bischöfe auf dem Podium gehen vordergründig mit der katholischen Kirche hart ins Gericht. Sie nutzen Worte aus der Kirchenkritikerecke: Machtkartelle, Männerbünde, Klerikalismus. Aber institutionelle Verbrechen haben zwei Komponenten: systemische und persönliche. Auf das System wird in Fulda eingeprügelt, als sei der Herr Klerikalismus eine Unperson. Die persönliche Ebene bleibt unbenannt. Genau das hat System.

Das Design der MHG-Untersuchung ist so angelegt, dass Verantwortlichkeit unerforscht bleibt. Dasselbe gilt auch für das gescheiterte Vorgängerprojekt von Christian Pfeiffer. Die Anonymisierung geht in der MHG-Studie so weit, dass nicht einmal einzelne Bistümer identifizierbar sind.

Mitte Januar 2019 diskutiert der Sekretär der Bischofskonferenz, Pater Hans Langendörfer, auf einem Podium der Karl-Rahner-Akademie in Köln. Der Moderator der Veranstaltung, Akademie-Leiter Norbert Bauer, fragt ihn, warum nicht wenigstens jene Bistümer genannt würden, die schlecht mit den Forschern kooperiert hätten. Statt einer Antwort gibt es vom Pater eine Rückfrage: Ob man Diözesen öffentlich bloßstellen solle? Ja, rufen einige im Publikum. Namen fallen an diesem Abend trotzdem nicht. No-Blaming-Strategien kennt man von der Streitschlichtung in der Schule; die katholische Kirche ist normalerweise eine Blaming-Institution. Schuld ist Kult. Schafe sollen ihr Gewissen erforschen und gestehen, bis es wehtut. Hirten sind über diesen Zustand hinausgewachsen.

Wer ein Amt innehat, trägt normalerweise repräsentative und persönliche Verantwortung. Beides lässt sich nicht ans »Wir« oder die Firma delegieren. Welche Kirche repräsentiert ein Repräsentant, der alles und nichts repräsentiert? In der katholischen Kirche verschwindet das Persönliche hinter dem Amt. Ich habe getan, ich habe unterlassen, ich bin verantwortlich, ich ziehe persönliche Konsequenzen – solche Sätze haben in Fulda gefehlt, sie fehlen bis heute. Die Hirten tauchen in der Herde unter: im Wir, in »der Kirche«, im Mit- und Durcheinander der Getauften und Gefirmten.

Verantwortung wird in der MHG-Studie unsichtbar gemacht. So weit, so auftragsgemäß. Sie verschwindet auch in den Reden danach. Die Freiburger Theologin Rita Werden hat für das Buch »Unheilige Theologie« bischöfliche Stellungnahmen von Rudolf Voderholzer, Reinhard Marx und Stefan Burger analysiert. Sind es Bekenntnisse der Scham oder solche der Schuld? Grob gesagt: Wer sich schämt, sieht sich durch die Brille der anderen. Er fragt: Was denken die jetzt von mir, wenn sie das sehen? Schmeißen sie mich aus der Gruppe? Scham ist gemeinschaftsbezogen. Schuld verlangt eine individuelle Auseinandersetzung, eine Bewertung der eigenen Tat, eine Gewissensprüfung. Schuld fordert das ganze Ich.

»Der Schutz des öffentlichen Ansehens wurde über das Wohl der Kinder und Jugendlichen gestellt«, erklärt der Regensburger Bischof Rudolf Voderholzer. Andere Amtsbrüder sagen Ähnliches. Rita Werden bemerkt spitz: Hier fehle das handelnde Subjekt. Wer konkret das öffentliche Ansehen über das Wohl der Kinder gestellt hat, bleibt ungenannt. Hinter der Passivkonstruktion »wurde ... gestellt« verschwindet die Tatsache, dass es Aktive gibt: Bischöfe, Generalvikare, Personalverantwortliche. Wer praktisch mit der Versetzung von Tätern befasst war und wer Betroffene ignoriert hat, ließe sich herausfinden. Doch allenfalls verstorbene Bischöfe wie Reinhard Lettmann und Karl Lehmann werden kritisch durchleuchtet. Handelnd sind anscheinend die Toten, die Lebenden bevorzugen die Leidensform. Dabei verstößt, wer »Ich« sagt, nicht gegen den geheiligten Datenschutz.

Rita Werden bilanziert: »Die Rede von Scham erscheint als Immunisierungsstrategie gegen die Frage nach der persönlichen Schuld.« Wer über Scham spricht, kann über Schuld schweigen.

Im Herbst 2019 wird der Fall des mehrfach verurteilten Priesters Nikolaus A. bekannt. Er stammt aus dem Erzbistum Köln, wurde 1972 erstmals wegen fortgesetzter Unzucht mit Abhängigen verurteilt und war danach in verschiedenen Gemeinden und verschiedenen Bistümern tätig. Eine klassische Versetzungs- und Vertuschungsbiografie. Mindestens elf Bischöfe müssen mit dieser Personalie befasst gewesen sein, rechnet der WDR-Kollege Theo Dierkes in einem Radiokommentar vor. Die Hirten der betroffenen Diözesen Köln, Essen und Münster reagieren im Herbst 2019 schnell. Rainer Maria Woelki und Franz-Josef Overbeck bitten um Entschuldigung. Scham sei zu wenig, sagt Overbeck. Felix Genn, Bischof von Münster und vormals von Essen, zeigt sich verärgert darüber, von dem Fall nichts gewusst zu haben. Der Apparat arbeite manchmal unvollkommen, sagt er im WDR. Nebenbei entwickelt er ein neues Stilmittel: die Entschuldigungsankündigung.

Wenige Tage zuvor hat der frühere Hamburger Erzbischof Werner Thissen in einem Video »schwere Fehler« zugegeben, er bezieht sich vor allem auf die 20 Jahre als Personalverantwortlicher im Bistum Münster. Man habe damals – die Rede ist vom Zeitraum 1978 bis 1999 – nicht gewusst, was Missbrauch anrichte. Über beschuldigte Priester sei die Personalkonferenz informiert worden, ihr gehörten der Bischof, der Generalvikar, fünf Weihbischöfe, der Regens des Priesterseminars und der Personalchef an. Thissen zeigt damit, dass viele vieles wussten und Bischöfe nicht einsam entschieden haben. Ein Wendepunkt sei es, dass Thissen »in Ansätzen« persönliche Verantwortung übernehme, lobt Rainer Burger Ende November in der »FAZ«.

Das Video wirft die Frage auf: Warum hat die MGH-Studie nur Personalakten ausgewertet, warum nicht Protokolle von Personalkonferenzen und Kapitelsitzungen? Aus ihnen geht hervor, welche kirchlichen Mitwisser es gab. Vertuschung bekäme Namen und Gesicht. Jede weitere Studie muss sich daran messen lassen, ob sie diese Netzwerke aufdeckt – auch mit dem Risiko für die Kirche, dass noch im Amt befindliche hochrangige Kleriker belastet werden.

Aus eigener Initiative hat kein Bischof die eigene Biografie durchwühlt und die Ergebnisse offengelegt, weil ihn das Gewissen plagt. Warum auch? Robert Zollitsch konnte sich 2010 im Amt halten – ein PR-strategisches Meisterstück. Così fan tutte. So machen es alle PR-Strategen. Eine Institution, die gerade »nicht so sein« will, unterbietet jene weltlichen Maßstäbe, auf die sie herabschaut. Die Leitungsebene kombiniert Scham mit Schulterzucken.

Bisher hängt in keiner Redaktion eine Bischofsmütze wie ein Geweih und niemand hat ein Schuld-Bekenntnis abgelegt, das amtliche Folgen hatte. Die rollenden Köpfe gehören Pappkameraden. Die Oberhäupter bleiben oben, auch wenn sie den Blick senken.

Für viele Opfer sexualisierter Gewalt wäre es wichtig, dass Täter und Mitwisser ermittelt werden. Erika Kerstner von der »Initiative Gewaltüberlebende Christinnen« sagt im September 2018, kurz vor Veröffentlichung der MHG-Studie, im DLF-Interview: »Die Frauen haben wenig Möglichkeiten – und die Kirche hat ja auch ausreichend abgeschreckt – irdische Gerechtigkeit zu erreichen. Da steht oft Aussage gegen Aussage. Der Blick der Betroffenen geht woanders hin: Der geht natürlich zu den Klerikern, die vor Gericht gestellt gehören und kirchenrechtlich und vom staatlichen Recht verurteilt werden müssen. Das ist das eine. Das andere: Die Vertuscher – und das sind Bischöfe, Generalvikare, Personalchefs – die Vertuscher sind ja beteiligt an diesen Verbrechen.«

Doris Reisinger beschreibt in der Zeitschrift »Lebendige Seelsorge«, was Opfern abverlangt wird: Sie sollen vergeben, bevor die Taten aufgeklärt und bestraft sind. »Natürlich, wir haben das Wort ›Schuld‹ im Munde von Bischöfen oft gehört. Nur fehlte bisher immer das Subjekt ›ich‹ zu diesem Wort. So bleibt die Schuld, aber es gibt keine Anerkennung persönlicher Schuld und somit auch keine Person, der vergeben werden könnte. Mehr noch: Diese Anerkennung wird von vielen Tätern und Vertuschern vehement zurückgewiesen.« Das legitime Bedürfnis, anzuklagen und eine Bestrafung der Schuldigen zu fordern, sieht wie Rache aus. Präventiv wird der hohe Ton der Versöhnung angestimmt.

Recherchen zum Thema Missbrauch kosten Zeit. Vieles bleibt unveröffentlicht, weil Beweise fehlen, Akten angeblich verschwunden sind oder nie angelegt wurden. Oft halte ich 100 Fäden in der Hand, doch sie lassen sich nicht wie damals bei den Makramee-Aktionen unserer Jugendgruppe zu einem Strang verbinden. Die Institution gelobt öffentlich Transparenz, um undurchsichtig zu bleiben. Vertuschung wirkt nachhaltig.

Wäre ich eine zynische Medienberaterin, würde ich sagen: Jungs, macht weiter so. Das öffentliche Interesse am Thema sexualisierte Gewalt geht zurück. »Man darf die Kirche nicht auf Missbrauch reduzieren«, belehren mich auf facebook die Hoffnungsfrohen. »Was erwartest du von denen?«, fragen die Resignierten.

Ich erwarte tatsächlich, dass jemand in verantwortlicher Position Verantwortung übernimmt. Dass er die Wahrheit sucht. Dass er aufklärt. Das bleibt mein Trotzdem. Es bedeutet auch: dem Zynismus des Weiter-So zu trotzen. Gerade von der Basis der Kirche höre ich oft: Wir müssen in die Zukunft schauen. Der Synodale Weg verführt in seiner Unterwegs- und Aufbruchsrhetorik dazu, den Blick zurück zu vergessen.

In seinem Buch »Von Hirten und Schafen« beschreibt der Coach Thomas Hanstein, wie ein unzynischer Weg aussehen könnte. Hanstein ist als Diakon und ehemaliger persönlicher Referent des Bischofs von Stuttgart ein Mann der Kirche. Die Diakonen-Stola sei ihm zu schwer geworden, schreibt er, das Amt lässt er ruhen. Hanstein zeigt, wie leicht es Hierarchie und Theologie den Tätern machten. Umgekehrt bedeutet das: Es gibt keinen schnellen Weg aus der »Krise«, wie Missbrauch gern genannt wird. In einem Interview erläutert der Autor aufgrund seiner Coaching-Erfahrung, warum das System krankt bleibt: »Heilung würde darin bestehen, … aufrichtig zu bekennen, was war. Das ist in jeder Beziehung so, das ist in jedem Arbeitsteam so. Wenn etwas passiert ist und ich nicht dazu stehe, habe ich keine Chance, ordentlich aufzuräumen. Es bleibt ein Rest. Der Rest, der hier geblieben ist, nach fast zehn Jahren, ist enorm groß. Ich habe keinen einzigen Geistlichen erlebt, der einfach mal innegehalten hätte und seine Muster erforscht hätte. Man feiert Gottesdienste weiter in den liturgischen Farben: Wenn Weiß dran ist, nimmt man Weiß als Hochfest …«

Spätestens nach der MHG-Studie kann nichts mehr wie vorher sein. Aber eine Zäsur findet nicht statt. Die Institution, die Stille, Umkehr, In-Sich-Gehen anmahnt, kann nicht stillstehen, umkehren, in sich gehen. Thomas Hanstein hat recht: Wenn Weiß dran ist, nimmt man Weiß zum Hochfest. Wenn Kommunion ansteht, feiert man Kommunion. In Kirchenmusikerzeitschriften werden Preise für großartige Kinderchorarbeit vermeldet. Kirchenzeitungen bejubeln bang die Messdienerwallfahrt nach Rom. Alles soll unbeschädigt aussehen, gerade in der Arbeit mit Kindern. Irgendwann muss es doch auch mal wieder gut sein.

Missbrauchsbetroffene schreiben mir Mails, erzählen ihre Geschichte am Telefon, weinen, schreien, schweigen. Melden sich wochenlang nicht mehr, erzählen weiter, fragen nach, wann denn endlich etwas über sie erscheint.

Ich möchte nicht zu den Weitermachern gehören. Aber auch wir Scharfzüngig-Loyalen haben uns wohnlich eingerichtet im inneren Ausnahmezustand. Wir teilen, liken und retweeten in sozialen Netzwerken die Ausnahmezustandsbeschreibungen der vielen, denen es genauso geht. Aus diesem Zustand wird kein Aufstand, aus der Ausnahme kein Austritt.

Wäre ich Hierarch, dann könnte ich wahrscheinlich das, was sexualisierte Gewalt tatsächlich bedeutet, nicht an mich heranlassen. Ich müsste mir eingestehen, jahrzehntelang auf ein falsches System hereingefallen zu sein. Je tiefer man hereinfällt, desto weiter steigt man auf. »Ich glaube nicht, dass kirchliche Hierarchen sich fragen, ob sie noch in den Spiegel schauen können«, sagt mir ein Betroffener, der als Junge in einem Internat regelmäßig von einem Pater vergewaltigt wurde. Es klingt, als habe er bei aller Wut Mitleid mit den professionell Deformierten.

In Anfang war das Nein und das Nein war bei Marx. Aber nicht nur bei ihm. Wer hingehört und hingeschaut hat, wurde Zeuge eines umfassenden Versagens der Kirchenleitung. Damit sind wir an der Basis nicht die Guten. Wir haben manches gewusst, vieles geahnt und wenig getan.

Déjà-vu-Erlebnisse: 2010, 2018, 202…

Drei Wochen lang schweigt Robert Zollitsch, der Vorsitzende der Deutschen Bischofskonferenz und Erzbischof von Freiburg. Am 22. Februar 2010 erklärt er schließlich: »Ich entschuldige mich im Namen der katholischen Kirche in Deutschland bei allen, die Opfer eines solchen Verbrechens geworden sind.« Er verspricht »umfassende Aufklärung« und verbesserte Prävention.

Das Schweigen des einen beginnt mit dem Schreiben eines anderen: Am 28. Januar 2010 wird ein Brief von Klaus Mertes bekannt, Jesuitenpater und Rektor des Berliner Canisiuskollegs. In den 1970er- und 80er-Jahren sollen Patres Schüler sexuell missbraucht haben, steht darin zu lesen. Betroffene haben sich an den Schulleiter gewandt. Klaus Mertes hat sich entschieden, ihnen zu glauben.

Ein mediales Tabu ist das Thema sexualisierte Gewalt in der katholischen Kirche zu diesem Zeitpunkt nicht mehr. Im »Spiegel« hatte Peter Wensierski zahlreiche investigativ recherchierte Artikel dazu veröffentlicht, unter anderem 2005 unter dem Titel »Verirrte Hirten« über das Schicksal von Norbert Denef. Dennoch verändert Mertes' Schritt an die Öffentlichkeit die Wahrnehmung grundlegend.

Um zu verstehen, was sich ändert, ist ein kursorischer Rückblick auf die Jahrzehnte vorher notwendig: Seit den 1980er-Jahren haben Zeitungen und Magazine in Deutschland immer wieder über sexuellen Missbrauch berichtet, regional und überregional, großflächig und kleinteilig. Ein Fall erreichte 1985 sogar den Bundesgerichtshof: Ein Pfarrer hatte zwei Mädchen aus seiner Gemeinde, 13 und

16 Jahre alt, mit einem geistlichen Trick dazu gedrängt, sich auszuziehen und mit ihm zu schlafen. Er sei der Heiland, hatte er den Jugendlichen erklärt; der Heiland wolle, was er – der Pfarrer – von ihnen verlange. Das Landgericht Rottweil verurteilte ihn in einem Fall wegen sexuellen Missbrauchs einer Schutzbefohlenen zu acht Monaten auf Bewährung, im zweiten Fall ging er straffrei aus, weil kein »Anvertrauensverhältnis« bestanden habe.

Der Bundesgerichtshof bestätigte am 5. November 1985 das Urteil. Das Magazin »Stern« griff die Entscheidung 15 Jahre später auf und verband die Nacherzählung mit einer damals aktuellen Geschichte: Die Staatsanwaltschaft ermittelte gegen den Mainzer Weihbischof Franziskus Eisenbach. Er wurde beschuldigt, bei einem Exorzismus übergriffig geworden zu sein. Die Betroffene war eine erwachsene Frau. Der Artikel in der »Stern«-Ausgabe vom 26. Oktober 2000 trug die Überschrift »Das Kreuz mit dem Trieb«.

Viele Beiträge schlugen einen Trieb-Ton an: lüstern, fixiert auf anscheinend notgeile Täter in Soutane. Ob Priester den Zölibat durch Sex mit der Freundin brachen oder indem sie Kinder vergewaltigten, machte auch für Journalisten kaum einen Unterschied. Viele buchten beides als »Schäferstündchen der Hirten« ab. Das Leid der Minderjährigen stand selten im Fokus der Berichterstattung, die Gewalt der Tat schien weniger wichtig als das Sexuelle.

Fünfzehn Jahre bevor Mertes' Brief das deutsche Missbrauchsskandaljahr 2010 eröffnete, machte der Wiener Erzbischof und Kardinal Hans Hermann Groer Schlagzeilen, zunächst in Österreich, dann auch in Deutschland. Im Magazin »Profil« erhoben ehemalige Schüler schwere Missbrauchsvorwürfe. Groer war bis 1986 in verschiedenen Funktionen am Knabenseminar Hollabrunn tätig gewesen, zuletzt als Direktor eines Aufbaugymnasiums. Kaum war die Story öffentlich, betete der Erzbischof von Wien gemeinsam mit mehreren Hhundert Andächtigen einen schmerzhaften Rosenkranz in seiner Hauskirche, dem Stephansdom. »Maria mit dem Kinde lieb, uns allen seinen Segen gib«, gab er den Mitbetern und -beterinnen zum Abschied mit auf den Weg.

Der Kardinal stritt zunächst alles ab und bezeichnete die Beschuldigungen als Diffamierung. 1998 trat er zurück und bat um Vergebung, ohne zu präzisieren, wer ihm welche Taten verzeihen sollte. Groer gehörte zu den Klerikern, die ihre Karriere unter Johannes Paul II. ihrem Katechismus-Katholizismus verdanken. Ermessensspielräume sind darin nicht vorgesehen. Im eigenen Fall gewährte sich der Erzbischof einen Ermessensspielraum von Stephansdom-Ausmaßen: Seiner Vergebungsbitte folgte der Halbsatz: »wenn ich Schuld auf mich geladen habe«. Bis zu seinem Tod wurde er nicht präziser.

Einige Jahre später kam der »Boston Globe« einem organisierten römisch-katholischen Verbrechen mit einer investigativen Großrecherche auf die Spur. Den Anfang macht der Fall des Priesters John Geoghan. Über 30 Jahre hinweg hatte er mindestens 130 Kinder sexuell missbraucht. Die Bistumsleitung wusste davon, der Geistliche wurde versetzt, die Gemeinden erfuhren nichts von der Vorgeschichte. Hunderte Betroffene meldeten sich aufgrund der Berichterstattung und fanden zumindest bei den Medien Gehör. Der Erzbischof von Boston trat Ende 2002 im Zuge der Veröffentlichungen zurück, 2004 machte ihn Papst Johannes Paul II. zum Erzpriester einer prestigeträchtigen römischen Basilika.

Die Einzelfall-These widerlegte der »Boston Globe« von Beginn an. Auch kirchenintern war diese Ausflucht schnell versperrt. Die amerikanische Bischofskonferenz legte hektisch eine Untersuchung vor: Demnach habe es zwischen 1950 und 2004 6700 berechtigte Missbrauchsvorwürfe gegen 4392 US-Priester gegeben. Eine

Untertreibung, wie sich später herausstellt. Systemisches geriet in den Fokus. Ein kritischer Kommentar zum Zölibat bescherte der Kirchenzeitung von Boston, »The Pilot«, kurzzeitig eine Auflage von 100 000 statt der üblichen 5000. Hohe Entschädigungszahlungen wurden fällig.

Für Zollitschs Vorgänger an der DBK-Spitze, den Mainzer Bischof Karl Lehmann, schienen diese Vorfälle eine Sex&Crime-Story zu sein, eher amerikanisch als katholisch. Gegenüber dem »Spiegel« behauptete er im Juni 2002: »Wir haben das Problem nicht in diesem Ausmaß. Warum soll ich mir den Schuh der Amerikaner anziehen, wenn er mir nicht passt?«

Die Bischofskonferenz erließ dennoch aufgrund der amerikanischen Schuhe 2002 erstmals Leitlinien für den Umgang mit sexualisierter Gewalt und fühlte sich safe. Fünf Jahre später zog der »FAZ«-Redakteur Daniel Deckers unter dem Titel »Ein grausames Experiment« eine Zwischenbilanz dieser bischöflichen Selbstverpflichtung. Er kritisierte: »Während die amerikanischen Bischöfe umfangreiche Untersuchungen über Ausmaß und Art sexueller Verfehlung in Auftrag gaben, ließen die Bischöfe in Deutschland die Vergangenheit ruhen.«

In den USA hatte so etwas wie Aufklärung begonnen, in Deutschland wurde der Verweis auf die Leitlinien zum Aufklärungs-Ersatz. Wer Regeln für die Gegenwart hat, braucht nicht in die Archive zu schauen, lautete das deutsche Dogma. Prävention wurde gegen Aufarbeitung ausgespielt – bis heute verfängt dieses Ablenkungsmanöver.

Im November 2005 veröffentlichte der Vatikan eine neue Instruktion zur Priesterweihe homosexueller Männer, vordergründig ohne Bezug zum sexuellen Missbrauch. In der Instruktion heißt es: »Die tiefsitzenden homosexuellen Tendenzen, die bei einer gewissen Anzahl von Männern und Frauen vorkommen, sind ebenfalls objektiv ungeordnet und stellen oft auch für die betroffenen Personen selbst eine Prüfung dar. Diesen Personen ist mit Achtung und Takt zu begegnen; man hüte sich, sie in irgendeiner Weise ungerecht zurückzusetzen.«

Ähnlich steht es auch im Katechismus. Dann aber folgt etwas Neues: »Im Licht dieser Lehre hält es dieses Dikasterium im Einverständnis mit der Kongregation für den Gottesdienst und die Sakramentenordnung für notwendig, mit aller Klarheit festzustellen, dass die Kirche – bei aller Achtung der betroffenen Personen – jene nicht für das Priesterseminar und zu den heiligen Weihen zulassen kann, die Homosexualität praktizieren, tiefsitzende homosexuelle Tendenzen haben oder eine sogenannte homosexuelle Kultur unterstützen.«

Wer schwul ist, darf wegen seiner »ungeordneten« Sexualität nicht Priester werden. Warum diese »Klarstellung« und warum zu diesem Zeitpunkt? Das Dokument raunt, die »besondere Frage« sei durch die »gegenwärtige Situation dringlicher« geworden. 2003 hatte Joseph Ratzinger eine Expertengruppe im Vatikan zusammengerufen, um über das Thema Missbrauch zu sprechen. Einer der Teilnehmer war der Psychotherapeut und Theologe Wunibald Müller. Er schreibt 2010 in der »Herder-Korrespondenz«, dass auf der Tagung auch die »immer wieder gestellte« Frage nach einem Zusammenhang von Homosexualität und Pädophilie diskutiert wurde. Für Experten wie Müller gibt es einen Zusammenhang, aber der ist komplex: Homosexualität sei nicht prinzipiell ein Risikofaktor, wohl aber eine unreife Sexualität, die dann auch noch durch die »Tabuisierung von Homosexualität im kirchlichen Kontext« verstärkt werde.

Rechtskatholische Portale lassen sich auf derart voraussetzungsreiche Gedankengänge nicht ein. Für sie war klar: Homosexualität ist Sünde – und ursächlich für Missbrauch. Als Beleg genügte, dass laut Studie der US-Bischofskonferenz 80 Prozent der Opfer männlich sind. Wie die Wege von diesen Portalen zur Weihe-Verweigerung im Vatikan verliefen, lässt sich nicht im Einzelnen nachzeichnen. Dass aber der Gedanke »Die Schwulen waren's« in Rom ebenso beruhigend wie beunruhigend wirkte, kann als gesichert gelten: beruhigend, weil die Schuldigen schnell ausgemacht waren; beunruhigend, weil viele Geweihte – erst recht in Rom – homosexuell sind.

Der Jugend- und Kinderpsychiater Jörg Michael Fegert berichtete in der Zeitschrift »Stimmen der Zeit« über eine Einladung in den Vatikan nach den Bostoner Enthüllungen: »In mehreren verwirrenden Diskussionen ging es darum, wie man die Kirche vor Schaden schützen könne, indem man schwule Männer vor der Priesterweihe erkenne.«

Homosexuelle nicht zu weihen galt als vorbeugende Maßnahme. Täter wurden damit 2005 präventiv zu Fremden erklärt. Ursachen und Risiken sollen mit dem Eigenen nichts zu tun haben. Homosexualität ist als Neigung unerwünscht, als Praxis Sünde. Die Instruktion diente der Selbstabsolution.

Ende November 2009 erschien in Irland der Murphy-Bericht, eine Untersuchung zu sexualisierter Gewalt in der größten Erzdiözese des Landes, Auftraggeber war das Justizministerium. Der Ruf der Kirche habe alles überragt, war darin zu lesen: »Alle anderen Erwägungen, darunter das Wohl von Kindern und Gerechtigkeit für Opfer, wurden diesen Prioritäten untergeordnet.« Es folgten weitere Berichte und Bischofs-Rücktritte. Der irische Klerus geriet massiv unter Druck, auch deswegen, weil die Regierung eine unabhängige Kommission einsetzte und die Aufklärung nicht der Kirche überließ.

In Deutschland hieß es noch im Dezember 2009: Wir haben hier keine österreichischen, keine amerikanischen, keine irischen Verhältnisse, keinen K.u.k-Operetten-Klerus, kein Sex-&Crime&-Churchbusiness, keine rückständige Insel-Frömmigkeit. Weltkirche – das sind praktischerweise in solchen Fällen immer die anderen mit ihren komischen Mentalitäten, Bräuchen und Missbräuchen.

Ich erinnere mich an Redaktionssitzungen beim »Rheinischen Merkur«, in denen der Murphy-Bericht diskutiert wurde. In Irland sei die Kirche korrumpiert durch die politische Macht und umgekehrt – das sei nicht mit Deutschland vergleichbar, sagte ein kundiger Kollege. Ich habe nicht widersprochen, ich war damals Feuilletonchefin und kannte mich als Hobby-Katholikin nicht mit dem institutionellen Gefüge aus. Was eigentlich hätte aufrütteln sollen, war für mich eine Nachricht. Ich hatte Wichtigeres zu tun. Wir hatten alle Wichtigeres zu tun, als nach den Abgründen unserer katholischen Insel zu suchen. Weit weg, nicht bei uns, wer etwas anderes behauptet, ist ein Kirchenhasser – diese Selbstverteidigung, diese Selbstbetrügereien verfingen bis zu jenem 28. Januar 2010.

Der Brief von Klaus Mertes zoomt im Januar 2010 das vermeintlich Ferne heran. Der Jesuit und Schulleiter macht klar: Die Taten haben einen »katholischen Geschmack«, keinen österreichischen, amerikanischen und irischen. Mertes sieht sich als Vertreter einer Täterorganisation. Das erklärt die Wucht seiner Worte. Hätten Journalisten die Vorwürfe veröffentlicht, wäre es der Bischofskonferenz leichtgefallen, sie so abzuwehren wie viele Geschichten zuvor: mit Ignoranz und Arroganz. Wenn aber ein Pater und Rektor Betroffenen glaubt, fordert er die Institution heraus. Klaus Mertes ist einer von innen, einer von ihnen – und doch so anders.

Robert Zollitschs dreiwöchige Verlautbarungspause zeugt von Chaos und Hilflosigkeit bei Hofe. Klaus Mertes hat sich nicht mit der Kirchenleitung abgesprochen, für seinen Schritt an die Öffentlichkeit gibt es Ende Januar 2010 keine DBK-Choreografie. Die Kontrolle über die Deutung der Ereignisse entgleitet der deutschen Kirchenspitze zunächst. In Hunderten von Artikeln schildern innerhalb weniger Tage Betroffene, wie sie Priestern und Patres sexuell zu Diensten sein mussten, wie von ihnen Schweigen oder sogar Selbstbeschuldigung verlangt wurde, wenn sie sich an die Kirche gewandt hatten. Geistliche, die Jahrzehnte lang nach Vorwürfen unbehelligt geblieben waren, werden nun panikartig von Bischöfen beurlaubt.

Aus journalistischer Perspektive ist schnell klar, dass der amerikanische Schuh zu klein sein könnte. Der katholische Schuhschrank samt roter Papstpantöffelchen kippt. In allen Etagen des Herrschaftsgebäudes wackelt der Boden. Schnell identifizieren Kommentatoren systemische Risikofaktoren: Das ausgefeilte katholische Triebkontrollsystem steht schon lange in der Kritik, jetzt gibt es dafür neue, gute Gründe. Der Theologe Hermann Häring nimmt sich im »Kölner Stadtanzeiger« die Sexualmoral, das Machtgefüge und die priesterliche Gefügigkeit vor. »Für potenziell gefährdete Priester gibt es keine Anleitung zum vernünftigen Umgang mit ihrer Sexualität«, kritisiert er. Der Sekretär der Bischofskonferenz Hans Langendörfer erklärt den Zölibats-Zusammenhang zu »billigem Populismus«.

Während der Vorsitzende Zollitsch schweigt, kämpfen Brüder mit und ohne Amt um die Deutungshoheit: Walter Mixa, Bischof von Augsburg, tut Mitte Februar kund, dass die »sogenannte sexuelle Revolution, in deren Verlauf von besonders progressiven Moralkritikern auch die Legalisierung von sexuellen Kontakten zwischen Erwachsenen und Minderjährigen gefordert wurde, daran sicher nicht unschuldig ist«.

In der »FAZ« vom 11. Februar legt der Psychiater Manfred Lütz unter der Überschrift »Die Kirche und die Kinder« dar, warum eine Zölibats-Debatte abwegig ist. Die katholische Kirche werde isoliert als »Sündenbock für all die abseitigen und skandalösen Träume vom Kindersex« gebrandmarkt. Lütz konstruiert einen Zusammenhang zwischen der Kritik an der Sexualmoral der Kirche und dem Holocaust: »Vor allem aber eignet sich die katholische Kirche für uns Deutsche bestens dafür, uns von unserer historischen Verantwortung zu dispensieren.« Der populäre Autor findet eine Formulierung, deren steile Karriere andauert: Sexualmoral und Zölibat die »Schuld zu geben«, sei »unverhohlener Missbrauch mit dem Missbrauch«. »FAZ«-Redakteur Patrick Bahners wirft im Leitartikel vom Folgetag Klaus Mertes vor, Aufklärung und Ursachenforschung mit »maßloser Polemik gegen die kirchliche Lehre und gegen die kirchliche Autorität« zu verknüpfen. Dass Mertes hauptsächlich von seinem Gewissen angetrieben ist, bezweifelt Bahners.

Falls die »Frankfurter Allgemeine Zeitung« Glaubwürdigkeit im bürgerlichen Milieu besitzen sollte, so nutzt sie diese an prominenter Stelle – einmal auf Seite 3, einmal auf der Titelseite –, um die Glaubwürdigkeit anderer infrage zu stellen: Diskreditiert werden jene, die den Skandal mit Systemfragen verbinden. Wer Machtverhältnisse, Unterleibsfixierung und den Zölibat als Risikofaktoren ausmacht, hat laut dieser FAZ-Stimmen unlautere Motive.

Als Erzbischof Robert Zollitsch am 22. Februar bei der DBK-Frühjahrs-Vollversammlung endlich spricht, sind schon widersprüchliche Folgenabschätzungen auf dem Markt: von »Die katholische Kirche muss sich radikal ändern« bis zu »Ihre Kritiker sollen die Klappe halten«. Auch gefühlige Floskeln liegen griffbereit. Besonders beliebt sind die Wendungen »Jetzt müssen wir den Opfern zuhören« und »Die Kirche teilt den Schmerz der Betroffenen«.

Zollitsch bedient sich aus dem Angebot. Er sagt: »Wir haben den dumpfen Nachhall auch von Jahrzehnten zurückliegenden Verfehlungen in den vergangenen Tagen und Wochen schmerzlich erfahren müssen. Vertrauen wurde auf abscheuliche Weise missbraucht und zerstört. Wir sind erschüttert über das Verhalten von Kirchenvertretern und Erziehern. Wir leiden mit den Opfern, die wir um Verzeihung bitten.«

Es lohnt sich, das Unglaubliche nachzulesen: Der Vorsitzende der Bischofskonferenz zählt sich selbst zu den Leidtragenden. Auf Verfehlung reimt er Verzeihung.

In den folgenden Tagen bekommt die DBK einen Missbrauchsbeauftragten; Stephan Ackermann, damals erst ein knappes Jahr Bischof von Trier, wird mit dieser Aufgabe betraut. Ansprechpartner in den Diözesen werden ernannt. Ungenannt bleiben die Namen der Täter, Mitwisser und Vertuscher in den eigenen Reihen. Die Leitlinien von 2002 werden überarbeitet. Wieder wird, wer nach der Vergangenheit fragt, auf diese Selbstverpflichtung verwiesen. Die Leitlinien bieten Leitplanken für die Bischöfe. Sie bleiben in der Spur.

Robert Zollitsch gerät kurzzeitig ins Schleudern. Er wird von seiner Vergangenheit als Personalreferent des Erzbistums Freiburg eingeholt. Ihm wird vorgeworfen, die Staatsanwaltschaft nicht eingeschaltet zu haben, als in den 1990er-Jahren massive Vorwürfe gegen den Pfarrer von Oberharmersbach bekannt werden. Der Erzbischof reagiert gereizt, wenn er darauf angesprochen wird und erklärt in einem Interview mit der »Frankfurter Allgemeinen Sonntagszeitung«, er habe dazugelernt.

Selbstabsolution, Leitlinien, Leidensrhetorik – darauf pendelt sich die offizielle Reaktion ein. Der »Spiegel«-Redakteur Peter Wensierski dürfte sich 2010 besser mit dem Thema auskennen als die meisten Bischöfe. Er gehört zu den wenigen Journalisten, die schon früh Betroffenen zuhörten und ihre Geschichte erzählten. Anfang Februar listen er und seine Kollegen in einem langen Artikel systemische Probleme auf. Vieles, was die MHG-Studie benennt, wird hier vorweggenommen. Das »Spiegel«-Team zweifelt daran, dass die Kirche ihre eigenen Angelegenheiten aufarbeiten kann und will.

Bundesjustizministerin Sabine Leutheusser-Schnarrenberger wird deutlich: »Ich erwarte von der katholischen Kirche konkrete Festlegungen, welche Maßnahmen für eine lückenlose Aufklärung ergriffen werden«, sagt sie im »Spiegel« vom 20. Februar. In den »Tagesthemen« schärft sie zwei Tage später einige Formulierungen an. Sie habe bisher nicht den Eindruck, sagt sie, dass die »Verantwortlichen der katholischen Kirche mit den Strafbehörden konstruktiv zusammenarbeiten«. Sie bezweifelt das Interesse der Kirche an rückhaltloser und ehrlicher Aufklärung.

Diesmal dauert es keine drei Wochen, bis Robert Zollitsch reagiert. Noch nie habe es vonseiten der Politik eine ähnlich schwerwiegende Attacke auf die katholische Kirche gegeben, klagt er während der Vollversammlung der Bischöfe. Er stellt der Ministerin öffentlich ein Ultimatum: Binnen 24 Stunden soll sie ihre »maßlose« Kritik zurücknehmen. Zollitsch ventiliert die Zahl von 115 Missbrauchsfällen in Deutschlands katholischer Kirche, diese lägen 25 bis 30 Jahre zurück.

Einmalig ist der Vorgang tatsächlich, wenn auch in einem anderen Sinne als Zollitsch behauptet. Einmalig ist, dass ein Bischof sich anmaßt, die Zuständigkeit einer Bundesministerin definieren zu können. Laut Grundgesetz haben die Kirchen zwar das Recht, ihre Angelegenheiten selbst zu verwalten. Damit ist aber nicht die Vertuschung von Sexualdelikten gemeint. Der DBK-Vorsitzende gebiert sich wie ein beleidigter Monarch, der sich über den Rechtsstaat erhaben erwähnt.

Im April desselben Jahres treffen sich Robert Zollitsch und Sabine Leutheusser-Schnarrenberger. Vorausgegangen ist ein Gespräch des Erzbischofs mit der Bundeskanzlerin. In einer gemeinsamen, versöhnlich klingenden Mitteilung beteuern der Kleriker und die Ministerin, im Mittelpunkt der Aufarbeitung müssten die Opfer stehen, sie hätten ein »Recht auf eine ehrliche Aufklärung«. Die Gründung einer unabhängigen Kommission, die zum Beispiel einen umfassenden Zugriff auf kirchliche Akten hätte, wird nicht vereinbart.

In einem Telefongespräch im November 2019 frage ich Sabine Leutheusser-Schnarrenberger, wie diese gemeinsame Erklärung zustande kam. »Aus meiner Sicht war es keine Einigung, kein Einlenken meinerseits«, sagt sie. »Der Erzbischof hat klein beigegeben. Er ist abgerückt von seiner apodiktischen Haltung, dass die Staatsanwaltschaft in der Kirche nichts zu suchen hat.« Man habe eine »Sprachregelung« gefunden, die Kirche habe einen Missbrauchsbeauftragten ernannt, neue Leitlinien verabschiedet, eine Hotline eingerichtet. Zudem wird ein runder Tisch gegründet, an dem auch Vertreter der beider Kirchen sitzen.

»Es war eine bewusste Entscheidung, nicht in die direkte Konfrontation Staat versus Kirche zu gehen«, sagt Sabine Leutheusser-Schnarrenberger. Ich frage sie, warum es zwischen Kirche und Staat kooperativ zugehen sollte. Die FDP-Politikerin verweist auf die Tradition. Deutschland sei kein laizistisches Land. Sie erinnert daran, dass sich ihre Partei seit den 1970er-Jahren für eine strikte Trennung von Staat und Kirche einsetze, sie selbst habe dazu in der Koalition mit der CSU in Bayern zahlreiche Gespräche geführt. Einen Konfrontationskurs mit der Bischofskonferenz sieht sie dennoch auch zehn Jahre danach skeptisch, Kooperation könne in der

Kirche mehr bewirken: »Nach meiner Erfahrung entsteht aus dem Druck von außen in der Kirche eine besondere Beharrungsstärke«, sagt sie. So sei das in einem »Closed Shop«.

Im Jahr 2010 treten ungewöhnlich viele Menschen aus der katholischen Kirche aus – 180 000. Den entscheidenden Bündnispartner Staat verliert die Deutsche Bischofskonferenz nicht: Von den staatstragenden Parteien hat sie keine »Attacken« zu befürchten. Der ungelenk wirkende Robert Zollitsch hat sich geschickt einer gerechtfertigten Anfrage – noch dazu von einer Frau – erwehrt. Im politischen Berlin wird sein Wir-Bischöfe-sind-auch-Opfer-Lied mitgesungen. Bis heute unternimmt die Politik keinen ernsthaften Versuch, die 2010 versäumte unabhängige Untersuchung in Gang zu setzen.

Kirchenintern verstummt die Kritik nicht so schnell, obwohl Robert Zollitsch systemerschütternde Debatten von vornherein ausgeschlossen hat. Er zeigt sich in Interviews fest davon überzeugt, dass Missbrauch nichts mit dem Zölibat zu tun hat. Von Einzelfällen ist ständig die Rede, das Interesse wird auf eine Einzelperson gelenkt: Der Augsburger Bischof Walter Mixa beschäftigt monatelang Bischofskonferenz und Medien. Mixa habe Heimkinder geschlagen, wird behauptet. Alkoholprobleme werden öffentlich. »Die ein oder andere Watschn« könne er nicht ausschließen, gibt Mixa schließlich zu. Diese Selbstauskunft zu seinen Erziehungsmethoden wird zum geflügelten Wort.

Zollitsch und der Erzbischof von München und Freising, Reinhard Marx, bewegen den verhaltensauffälligen Geistlichen dazu, im April 2010 ein Rücktrittsgesuch einzureichen. Papst Benedikt XVI. nimmt es Anfang Mai an. Mixa sieht sich als Opfer einer Intrige, liefert den Medien Komödienstoff, indem er auch als Nicht-Mehr-Bischof die bischöfliche Residenz bewohnt.

Pfingsten veröffentlichen Laien und Priester der Diözese Augsburg eine Erklärung. Darin heißt es: »Wir fragen auch, welche systemimmanenten Faktoren dazu beigetragen haben, dass er sein Amt in einer Weise wahrnehmen konnte, die nun viele Wunden und eine tiefe Spaltung im Bistum hinterlässt.« Amtsbrüder kritisieren Mixa, doch vom spezifisch katholischen Geschmack des Amts- und Machtmissbrauchs möchte niemand im Episkopat öffentlich sprechen. Das Wort Macht kommt in öffentlichen Erklärungen 2010 kaum vor.

Die katholische Kirche stellt sich als Opfer eines Einzeltäters mit Bischofsmütze dar. Nach wochenlangem Residenztheater ringt sich Mixa einen Brief an die Gläubigen ab, der am 23. Juni 2010 auf der Bistums-Homepage veröffentlicht wird. Er beklagt »widrige Umstände« und gesteht diffus »viele Fehler«. Er bittet »um Verzeihung bei all den Menschen, die ich nicht in rechter Weise behandelt habe, deren Erwartungen ich nicht erfüllt habe und die ich enttäuscht habe«. Einige Jahre später wird Mixa in den päpstlichen Rat für die Pastoral im Krankendienst berufen.

Klar wird in der Rückschau: Mixas Entfernung aus dem Amt ist berechtigt, sie bedeutet aber gerade nicht, dass hier ein Bischof Verantwortung für sexualisierte Gewalt und deren Vertuschung übernimmt. Mixa bindet die mediale Aufmerksamkeit und lenkt sowohl von anderen Bischöfen als auch von Systemfragen ab. Indem er geht, bleibt er der Schutz-Heilige seiner Brüder.

Was erst später bekannt wird: Vertreterinnen der Reformgruppe »Wir sind Kirche« bieten schon seit 2002 an, Betroffenen am Telefon zuzuhören. Hunderte melden sich. Doch auch, wer ihnen erst 2010 zuhört oder wenigstens Artikel über ihre Schicksale liest, erkennt systemische Risikofaktoren. Wer sich mit dem Thema sexualisierte Gewalt auseinandersetzt, spricht nicht von Verfehlungen oder Fehlern, sondern von Verbrechen. Wer wissen will, welche Verbrechen geschehen sind und wer von ihnen wusste, richtet den Blick auf die kirchlichen Akten und die Rolle des Staates.

Papst Benedikt XVI. wählt am 15. und 16. Februar 2010 bei einem Treffen mit irischen Bischöfen die Formulierung »abscheuliche Verbrechen« und »schwere Sünde«. Damit steht sexueller Missbrauch fast auf einer Stufe mit Abtreibung, sie gilt als »verabscheuungswürdiges Verbrechen«. Der Papst spricht die verbale Höchststrafe aus. Auch Robert Zollitsch benutzt in seiner ersten Stellungnahme vom 22. Februar das Wort »Verbrechen«. Aber die »maximale Verurteilungssprache« gegen Täter hat wenig mit Empathie gegenüber Opfern zu tun, sagt Klaus Mertes in einem Vortrag an der Universität Wien kurz vor dem 10. Jahrestag seines Briefes. Sie gehört zum klerikalen Selbstimmunisierungsritual. Vokabeln wie »Seelenmord« und »scheußliche Taten« ziehen schnell ins katholischen Tages- und Tagungsgeschäft ein, nach dieser Pflichtübung wird locker aus dem Moderationskoffer weitergearbeitet.

Die maximale Verurteilungssprache kaschiert die praktisch minimalen Folgen der Enthüllungen. Mit starken Worten panzert sich die Hierarchie gegen lästige Fragen nach strafrechtlichen Folgen. Gegenüber Gott sei auch gesündigt worden, betont Benedikt XVI. Transzendenz schützt vor Transparenz.

Medien wie »kath.net« und Benedikt-begeisterte Feuilletonkatholiken verweisen 2010 auffallend oft auf das Papstwort vom »abscheulichen Verbrechen« und verbinden es mit einer Kritik an Papstkritikern. Der Journalist Matthias Matussek stimmt Ende März im »Spiegel« eine Lobeshymne aufs Trotzdem-Katholische an. Der Papst habe den Missbrauch »sündhaft« und »verbrecherisch« genannt. »Was soll er denn noch tun?«, fragt er rhetorisch.

Matussek war Schüler des Bonner Aloisiuskollegs, eines Jesuitengymnasiums, an dem einige Täter wirkten. Seine Erinnerungen seien »schön und ungetrübt«. Einige Wochen zuvor hat der Schriftsteller und Jurist Ferdinand von Schirach im »Spiegel« erzählt, was er den Jesuiten von St. Blasien verdankt.

Dass Ehemalige sich nicht aus dem Paradies der Erinnerung vertreiben lassen wollen, sei ihnen gegönnt. Problematisch ist, wenn Journalisten vor lauter Nostalgie die professionelle Neugier verlieren. »Mich hat kein Pater angefasst«, »Wir lassen von ein paar Hysterikern nicht unsere schöne Kirche kaputt machen«. »Die meisten Patres und Priester sind unschuldig.« Matussek, damals noch Bestsellerautor, dürfte im März 2010 die Befindlichkeit vieler Katholikinnen und Katholiken getroffen haben: Verklärung ersetzt Aufklärung. Bekennende Nicht-Opfer tönen lauter als Opfer. Die Wut gilt weniger den Tätern und ihren Beschützern als den Zerstörern der jovial-katholischen Legende. Klemmig-kriminelle Sexualität und klerikale Machtgelüste wirken in dieser Heiligenerzählung wie weggezaubert.

Schnell werden im Laufe des Skandals die Betroffenen zu rhetorischen Figuren. Bischöfe solidarisieren sich mit ihnen und bekunden, »an der Seite der Opfer« zu stehen. Gemeint ist: Auch die Kirche ist Opfer.

Benedikt XVI. adressiert 2010 an die Gläubigen und Bischöfe seines Heimatlandes keinen eigenen Brief. Die Katholikinnen und Katholiken in Deutschland sollen mit dem Hirtenbrief an die Iren vom 19. März Vorlieb nehmen. Die aufklärerische Fantasie des Papstes reicht nicht, um zu schreiben, was er – der ehemalige Präfekt der Glaubenskongregation – weiß. Die theologische Fantasie reicht himmelweit: »Mit diesem Brief möchte ich Euch alle, das Volk Gottes in Irland, ermahnen, die Wunden am Leib Christi zu betrachten. Denkt aber auch an die manchmal schmerzhaften Heilmittel, die erforderlich sind, um diese Wunden zu versorgen und zu heilen, und ebenfalls an die notwendige Einheit, Liebe und gegenseitige Unterstützung in einem langwierigen Prozess der Wiederherstellung und kirchlichen Erneuerung.«

Speziell an die Opfer richtet der Papst den Wunsch: »Ich weiß, dass es einigen von Euch schwerfällt, eine Kirche zu betreten, nach all dem, was geschehen ist. Aber Christi eigene Wunden, verwandelt durch sein erlösendes Leiden, sind der Weg, durch den die Macht des Bösen gebrochen wird und wir zu Leben und Hoffnung wiedergeboren werden.«

Den Betroffenen wird hier abverlangt, den Verbrechen einen Sinn zu geben: Hoffnung, Erlösung, geistliche Erneuerung der Kirche. Implizit meint das auch: Vergebung und Versöhnung. Kein Wort verliert Benedikt XVI. über Aufklärung im weltlichen Sinn, also die Ermittlung der Täter und Vertuscher. Der Papst hat 2009/2010 zum Jahr des Priesters ausgerufen. Gedanken zu priesterlicher Macht und klerikalem Machtmissbrauch fehlen. Die »Macht des Bösen« überfällt das System Kirche, die Bedrohung kommt von außen, nicht von innen. Die Kirche ist unschuldig wie ein Kind, meint der Mann in Weiß. Väterlich werden die Opfer umarmt, deren Leid geht nahtlos in päpstliches Selbstmitleid über. Eigentlich sind wir doch alle Verwundete.

Diese Deutung relativiert höchstinstanzlich eine einfache Erkenntnis: Die Opfer sind die Opfer. Punkt. Immerhin erklärt der Papst seine geliebte Kirche nicht zum Opfer der Opfer, wohl aber zum Opfer der Täter.

Auf der Vollversammlung des Zentralkomitees der deutschen Katholiken im April 2010 hält Klaus Mertes eine Rede. Er benennt systemische Risikofaktoren: »Der Missbrauch stellt die Institution und ihr Selbstverständnis auf den Prüfstand. Dem kann ich als Jesuit ebenso wenig entkommen wie als Lehrer und als katholischer Priester.« Aufgegriffen wird dieser Impuls kaum. Der ZdK-Vorsitzende Alois Glück bedankt sich bei der Deutschen Bischofskonferenz für die Überarbeitung der Leitlinien. »Die verschärften Richtlinien machen deutlich, dass die Opfer an erster Stelle stehen und es keinen falschen Schutz der Institution geben kann.«

Am Rednerpult der ZdK-Vollversammlung stehen keine Betroffenen. Am runden Tisch der Bundesregierung zum Kindesmissbrauch sitzt zunächst auch niemand von ihnen. Opferinitiativen wie der »Eckige Tisch«, der sich im April 2010 gründet, kämpfen darum, gehört und beteiligt zu werden. Sie formulieren konkrete Forderungen: Aufarbeitung, Hilfsangebote und eine angemessene Entschädigung. Sie warten lange vergeblich.

Drei Wochen hat der Vorsitzende der Bischofskonferenz für ein Statement gebraucht; es dauert keine drei Wochen, bis der ohnehin nicht vorhandene Konsens in einen hörbaren Dissens umschlägt. Das Gros der Amtsträger bleibt diskret, einige fallen auf. Im März 2010 tut der Regensburger Bischof Gerhard Ludwig Müller kund, dass er sich an die anti-kirchliche Stimmung in der NS-Zeit erinnert fühlt. In einer Predigt sagt er: »Auch jetzt erleben wir eine Kampagne gegen die Kirche. Von so vielen Medien wird gegen die Kirche gezischt, als ob man gerade in einem Gänsestall die Gänse aufgeweckt hätte.«

Am anderen Ende der Einsichtigkeitsskala agiert der Osnabrücker Bischof Franz-Josef Bode. Er legt sich im November 2010 vor dem Altar seines Doms eine gute Minute lang auf den Boden. In seiner Ansprache geht er auf die »strukturelle Sünde der katholischen Kirche« ein und gesteht die »Verschleierung der Taten«. Die Betroffenen bittet er um Vergebung.

Der Münchner Erzbischof Reinhard Marx wählt die Flucht zurück nach vorn. Er lässt als erster der 27 deutschen Bischöfe die Akten der Erzdiözese von einer renommierten Anwaltskanzlei untersuchen und präsentiert im Dezember 2010 die Ergebnisse. Die Juristin Marion Westphal spricht auf der Pressekonferenz von systemischer Vertuschung und umfangreichen Aktenvernichtungsaktionen. Nicht das Leid der Opfer habe im Mittelpunkt gestanden, sondern der Wunsch, einen Skandal zu vermeiden, sagt sie. Reinhard Marx erklärt: »Für mich waren es die schlimmsten Monate meines Lebens. Meine Empfindungen waren Scham, Trauer und Betroffenheit.« Er bittet »als Kirche« um Vergebung für das, was Mitarbeiter der Kirche getan haben.

Eine Zusammenfassung des Gutachtens steht im Internet. Der gesamte Text bleibt unter Verschluss. Das öffentlich zugängliche Dokument liest sich wie Klartext, Klarnamen aber fehlen. Marx' prominenter Vorgänger im Amt des Erzbischofs von München und Freising, Joseph Ratzinger, wird zwar der »katastrophalen Aktenführung« geziehen, ansonsten aber in Schutz genommen. Auch über ihn kursiert schon 2010 Belastendes: Ein einschlägig bekannter Priester kam 1980 aus dem Bistum Essen zur Therapie ins Erzbistum München. Er wurde danach in Gemeinden eingesetzt und verging sich wieder an Minderjährigen. Die Münchener Bistumsleitung war über den Anlass der Therapie informiert.

Ob der damalige Erzbischof Ratzinger persönlich die Hintergründe kannte? Mit dieser Entscheidung habe der spätere Papst nichts zu tun, erklärt Pressesprecher Federico Lombardi im Frühjahr 2010. Der Chef der Päpstlichen Akademie für das Leben wechselt vom Schild- in den Schwertmodus: In einem Interview sagt Erzbischof Rino Fisichella, wenn nun auch noch der Papst und die gesamte Kirche in die Missbrauchsskandale hineingezogen werden sollten, dann sei das »ein Zeichen von Gewalt und Barbarei«. Die Geschichte Benedikts, sein Leben und seine Schriften sprächen für ihn. Auch dieser Gedanke wirkt lange weiter. Der Film »Verteidiger des Glaubens« zeigt neun Jahre später, wie Benedikt XVI. im Namen seiner reinen Kirche vertuscht und verheimlicht hat. Hier werde der größte Theologe aller Zeiten beschädigt, zürnt das Benedikt-Lager. Theologische Großproduktion dient der Absolution.

Gerhard Ludwig Müller und der Vatikan beschuldigen 2010 die Medien, Franz- Josef Bode nimmt symbolisch Schuld auf sich, Reinhard Marx gibt sich transparent. Sie betreiben einen beachtlichen verbalen Aufwand, aber keine Aufklärung. Am Ende des Skandal-Jahres 2010 ist die Deutsche Bischofskonferenz personell fast unverändert.

Liest man die Wortmeldungen der Hierarchen mit und ohne Bischofsmütze aus zehn Jahren Abstand, so fällt auf: Der Blick zurück gilt als unanständig. Wer danach fragt, was wirklich geschehen ist, hört Vokabeln wie »Präventionskonzept« oder »Verschärfung der Leitlinien«. An Hinweisen auf spezifisch katholische Risikofaktoren fehlt es nicht, doch solche Expertise wird als billige Kirchenkritik abgewatscht. Der Blick soll in die Zukunft gehen: DBK und ZdK geben die Parole aus, es müsse »verlorenes Vertrauen« zurückgewonnen werden. Gerechtigkeit für die Betroffenen wird diesem Ziel untergeordnet.

Hinter dem hohen Wortaufkommen verbirgt sich Sprachlosigkeit. Betroffene sexualisierter Gewalt sind weder im Kirchenrecht noch in der kirchlichen Lehre vorgesehen. Die Doktrin kennt keine Opfer der Kirche, sie kennt nur die Kirche als Opfer. Offizielle Mitleidsbekundungen gehen nahtlos in Selbstmitleid über. Wer an dieses geschlossene System glaubt, rettet sich in den frommen Wunsch: Hätten sich Priester an ihr Keuschheitsversprechen gehalten, wäre das alles nicht passiert! Erfolgreich wird der Verdacht abgewehrt, all das könne etwas mit dem Innersten und Höchsten der Kirche, mit ihrem Amtsverständnis und ihren Hierarchen zu tun haben.

Der Kinder- und Jugendpsychiater Jörg Michael Fegert berichtet in einem Aufsatz von einem verstörenden Gottesdienst im Vatikan. Im Februar 2012 nimmt er an einer Tagung teil, zum ersten Mal sind Missbrauchs-Betroffene eigeladen. In einem Gottesdienst werden Dias von Atombombenabwürfen und anderen Katastrophen gezeigt. Die Bedrohung – die Atombombe – kommt von außen. Fegert erinnert sich: »An diesem Abend in Rom bekam ich den Eindruck, Missbrauch ist etwas, mit dem die Kirche eigentlich nicht zu tun hat, es hat nichts mit ihren ureigenen Glaubensgründen zu tun.«

Die Deutsche Bischofskonferenz beauftragt den Kriminologen Pfeiffer damit, das Ausmaß des Missbrauchs zu erforschen. Im Januar 2013 scheitert das Projekt. Pfeiffer wirft der DBK Zensurgelüste vor, der Sekretär der Deutschen Bischofskonferenz beschuldigt den Kriminologen in der ARD-Sendung »Beckmann«, Halb- oder Unwahrheiten zu sagen und eine »Antihaltung zur katholischen Kirche« entwickelt zu haben.

Die ZEIT-Beilage Christ&Welt, die ich von Ende 2010 bis 2015 leitete, gibt im Januar 2013 eine Umfrage beim Institut Forsa in Auftrag. Gut 1000 repräsentativ Ausgewählte werden am Telefon nach dem Scheitern der Pfeiffer-Studie befragt. Nur 17 Prozent von ihnen sagen, die katholische Kirche sei an Aufarbeitung interessiert. 35 Prozent geben an, ihr Bild von der Institution habe sich jüngst verschlechtert. Unsere Umfrage macht einen konkreten Vorschlag, worin Aufarbeitung bestehen könnte: Akteneinsicht für die Betroffenen, analog zum Stasi-Verfahren. Zwei Drittel der Befragten halten die Idee für sinnvoll. Aus der Bischofskonferenz kommt keine Reaktion, was nicht überrascht. Erstaunlich ist nur, dass rund fünf Jahre später, als die rheinisch-katholische Kölschrock-Legende Wolfgang Niedecken in der Fernsehsendung »Maischberger« genau diese Frage nach der Akteneinsicht in die Runde wirft, Bischof Stephan Ackermann so erstaunt dreinblickt, als höre er von dieser Möglichkeit zum ersten Mal.

Fast alles, was ich in diesem Kapitel aufgeschrieben habe, lässt sich in allgemein verfügbaren Quellen nachlesen. Es ist kein Geheimwissen. Es zeigt nur einen kleinen Ausschnitt dessen, was Medien 2010 veröffentlich haben.

Rein physikalisch dürfte eine Erschütterungserschütterung schwer zu erklären sein, sprachlich kennt das Adjektiv »erschüttert« weder Komparativ noch Superlativ. Acht Jahre später vollbringen DBK-Vertreter genau dieses Wunder. Die 2010 Erschütterten sitzen 2018 noch erschütterter vor Mikrofonen. Nicht dabei sind die Bischöfe im Ruhestand, nicht dabei sind die Zurückgetretenen Walter Mixa und Franz-Peter Tebartz-van Elst. Ansonsten haben viele alte Bekannte erschütterungserschüttert ausgeharrt. Auch die eingeübten Argumentationsmuster kehren wieder. Immerhin wird 2018 offiziell zugegeben, was 2010 als billiger Populismus verdammt wurde: Es gibt sie doch, die spezifisch katholischen Risikofaktoren.

Kaum zu glauben, dass dies für Bischöfe nicht früher sichtbar gewesen sein soll. Haben sie die hier erwähnten Artikel und Abhandlungen nicht gelesen, haben sie die Experten überhört? Man habe dazugelernt, beteuern Marx und seine Brüder. Das klingt schöner als: Wir sind Opportunisten. Wir hätten vieles früher wissen können, aber über Risikofaktoren wie Klerikalismus und Genitalfixierung laut zu sprechen, wäre riskant gewesen, erst recht während des Pontifikats des Heiligen Vaters aus Deutschland.

Konsens ist die klerikalismus-kritische Linie auch 2018 nicht. Lauter als die Opportunisten sind die Ideologen. Für sie bleibt der »Skandal« ein Angriff von außen. Kurienerzbischof Georg Gänswein spricht im September 2018 vom kircheneigenen 9/11, eine Anspielung auf den Terroranschlag vom 11. September 2001. Sein Chef Joseph Ratzinger enthüllt wenige Monate später, wer die Flugzeuge gegen den Petersdom lenkte: die 68er mit ihrem explosiven Sex. Er beklagt den Zusammenbruch der katholischen Moraltheologie und den Glaubensverlust des Klerus. »Die Sache« habe mit der »vom Staat verordneten und getragenen Einführung der Kinder und der Jugend in das Wesen der Sexualität« begonnen, schreibt er im »Klerusblatt«. Der sexuelle Missbrauch – ein Anschlag, ein Sexkofferbombenattentat auf die Heilige Kirche eines bayerischen Buben.

Das politische Berlin hält sich 2018 noch stärker zurück als acht Jahre zuvor. Es geriert sich wie ein Zuschauer, nicht wie ein Akteur. Twitteraktive Politiker twittern nichts dazu. Niemand aus der ersten Reihe zeigt den Ehrgeiz, der katholischen Kirche die Hoheit über die Akten entwinden zu wollen. In der ZDF-Sendung »Berlin direkt« vom 23. September 2018 kritisiert der FDP-Politiker Wolfgang Kubicki den Freiraum der Kirchen und fordert – ähnlich wie Sabine Leutheusser-Schnarrenberger 2010 – einen Zugriff der Staatsanwaltschaft. Der kirchenpolitische Sprecher der CDU, Marcus Weinberg, behauptet in derselben Sendung, man könne der Kirche keine Strafe aufbürden. »Die sind durch die Vorfälle gestraft genug. Die katholische Kirche ist die allererste Instanz, die unter diesen Missbrauchsvorfällen leidet«, sagt er. Der CDU-Mann erklärt danach, die Sätze seien aus dem Kontext gerissen worden und schiebt eine Erklärung hinterher, die nichts besser macht: »Der Missbrauch von Kindern durch Täter innerhalb der Kirche ist ein abscheulicher Skandal. Er ist ein Schlag in das Gesicht christlicher

Werte, ein Verbrechen am christlichen Glauben, am Vertrauen seiner Gläubigen in den christlichen Auftrag, die Schwächen zu schützen und zu stärken. Dieser Missbrauch ist durch nichts zu entschuldigen.«

Sexualisierte Gewalt ist Gewalt an Kindern und Jugendlichen. Sie sind die Geschädigten. Sie haben den Schlag ins Gesicht gespürt. Werte weinen nicht.

Der Christdemokrat formuliert, was in Gemeinden zu hören ist: Ja, Missbrauch ist schlimm; noch schlimmer wäre es, wenn das Christliche verloren ginge. Man muss doch nicht gleich das katholische Bad mit dem missbrauchten Kind ausschütten.

Als die SPD-Politikerin Katharina Barley 2018 Justizministerin wird, verzichtet sie bei ihrem Amtseid auf die Formulierung »So wahr mir Gott helfe«. In der Woche nach der Präsentation der MHG-Studie gibt sie der »Zeit« ein Interview. Darin spielt sie mit dem Gedanken einer Wahrheitskommission und fordert von der Kirche eine »breite Öffnung der Akten und Archive«. Daraus wird nichts. Der Gott des Grundgesetzes hilft der katholischen Kirche, nicht der Wahrheit und nicht den Betroffenen. »Eine unabhängige Kommission, wie auch immer man sie nennen mag, wäre 2018 richtig gewesen«, sagt Sabine Leutheusser-Schnarrenberger in unserem Telefoninterview.

Im September 2018 bietet sich so manches Déjà-vu- und Déjà-Ecouté-Erlebnis: viele verbale Beben, wenig faktische Veränderung. Der Bischof von Hildesheim, Heiner Wilmer, sagt, der Machtmissbrauch gehöre zur DNA der Kirche. Sein Kölner Amtsbruder Rainer Maria Woelki versichert das Gegenteil. Ein Streit bleibt aus: Es wird nicht argumentiert, es wird bloß behauptet. Einer sagt so, der andere sagt so, die meisten sagen nichts. Die Hirten sehen insgesamt nicht gut aus, aber keiner gibt eine so schlechte Figur ab, dass er die Mütze an den Nagel hängen muss. Manche blicken so treu leidend in die Fernsehkameras, dass sie einem armen Schaf zum Verwechseln ähnlich sehen. Hilflosigkeit wird zur stabilen Seitenlage.

Weil das politische Berlin kaum auf die MHG-Studie reagiert, bleibt sie ein Selbstbeschäftigungsobjekt der Kirche. Hier wird sie in die Debattenroutine eingespeist, als sei sie eine verschärfte Variante diverser Kommunionempfangsdiskussionen. Die Linien verlaufen wie immer: Das linksliberale Lager holt alte Wunschkataloge aus der Schublade. Der rechte Flügel nennt die Forderungen von Amts- bis Zölibatsreform »Missbrauch des Missbrauchs« und hat als Ursache der Verbrechen Glaubensverdunstung und Gottesferne ausgemacht. Sucht man rechtskatholische Portale danach ab, welche Konsequenzen aus der Studie gezogen werden, fällt das Ergebnis dürftig aus: Die Kirche ist gut, ein paar Leut' sind schlecht. Vor allem schwule Leut'.

Im März 2019 erklärt ein Paderborner Pastor, Sprecher des Priesterkreises »Communio Veritatis«, sowohl auf »kath.net« als auch gegenüber der amerikanischen Seite »LifeSiteNews.com«: »Einen abscheulichen Missbrauch mit dem Missbrauch betreibt die Deutsche Bischofskonferenz, indem sie offensichtlich unter dem verlogenen Vorwand der ›Erneuerung‹ ihre horizontale Menschenkirche errichten will. Die Homosexualität wird als Ursache der weit überwiegenden Mehrheit der Fälle bewusst verschwiegen, denn 80 Prozent der Opfer sind Jungen zwischen 14 und 18 Jahren. Stattdessen werden gezielt der Zölibat und die ganze Sexualmoral zur Disposition gestellt, um die Gebote Gottes und das beständige Lehramt der Katholischen Kirche zu relativieren.«

Die katholische Kirche hat 2018 – anders als 2010 – keine moralische Fallhöhe mehr, aus der sie abstürzen könnte. Vom Radar der säkularen Öffentlichkeit verschwindet sie. Dass Verbrechen unaufgeklärt und Akten ungesichtet bleiben, ist kein Skandal mehr. Es ist normal. Politik und Öffentlichkeit überlassen den Kirchen die Selbstaufklärung. Betroffene werden zwar stärker wahrgenommen als 2010, öffentliche Wachsamkeit bleibt eines ihrer Hauptanliegen. So ist es in einer Studie der Unabhängigen Kommission gegen Sexuellen Kindesmissbrauch vom September 2019 nachzulesen. Aber die Augenlider des Publikums senken sich schläfrig, wenn die x-te Missbrauchsgeschichte aufgeblättert wird. Trotzdem und gerade deswegen kann das Thema die Mitglieder der katholischen Kirche nicht in Ruhe lassen.

Unsere Schafsgeduld, unsere Schuld

Als die MHG-Studie in Fulda präsentiert wird, sind keine demonstrierenden Gläubigen auf der Straße. Später ruft die Katholische Frauengemeinschaft kfd zu Klageandachten unter dem Hashtag »machtlichtan« auf. Im Februar 2019 überreichen Vertreterinnen der Katholischen Frauengemeinschaft kfd beim Auftaktgottesdienst zur Vollversammlung in Lingen dem gastgebenden Bischof Franz-Josef Bode 30 000 Unterschriften, darüber stehen Reformforderungen. Die Frauen vor dem Dom sind unentschieden, wie laut sie sich bemerkbar machen sollen. Die Protestierenden wirken verunsicherter als die Hierarchen.

Erst als die Initiative Maria 2.0 im Mai 2019 demonstriert und streikt, kann die Kirchenleitung die Unruhe unter den Treuesten nicht mehr übergehen. Die Internetpetition von Maria 2.0 mischt Klage und Anklage: »Wir beklagen die vielen bekannten und unbekannten Fälle von Missbrauch und Verletzungen jeglicher Art in der römisch-katholischen Kirche; deren Vertuschung und Verdunkelung durch Amtsträger; das Fehlen glaubhafter Entschuldigungen und echter Hilfe für alle, denen Gewalt angetan wurde; dass deshalb viele Menschen der Kirche die Botschaft nicht mehr glauben. Wir stehen fassungslos, enttäuscht und wütend vor dem Scherbenhaufen unserer Zuneigung und unseres Vertrauens zu unserer Kirche. Darum fordern wir, wie schon viele vor uns: Kein Amt mehr für diejenigen, die andere geschändet haben an Leib und Seele oder diese Taten geduldet oder vertuscht haben; die selbstverständliche Überstellung der Täter an weltliche Gerichte und uneingeschränkte Kooperation mit den Strafverfolgungsbehörden.«

35 000 Menschen haben die Petition bis Jahresende 2019 unterzeichnet.

Diejenigen, die Macht haben, aber keine Verantwortung übernehmen, sind die Hauptbeklagten. Aber wir geduldigen Schafe haben deren Treiben lange zugesehen, als ginge es uns nichts an.

Vielen von uns sind – wie den Bischöfen – Betroffenheitsfloskeln von der Sorte »Wir stehen an der Seite der Opfer« leicht über die Lippen gegangen. Tatsächlich haben wir das Thema weitgehend den Betroffenen überlassen. Ich erinnere mich gut daran, wie beim Katholikentag in Regensburg 2014 ehemalige Domspatzen mit Transparenten am Rand standen, wie Störer und Stimmungskiller wurden sie behandelt. Sie protestierten still und fielen doch den gut gelaunten Laien auf die Nerven. Ohne ihre Hartnäckigkeit hätte es keine Studie zu sexueller Gewalt, Prügel und Machtmissbrauch im Reich der reinen Regensburger Knabenstimmen gegeben. Öffentlich belobigt wurden danach vor allem Sonderermittler und Bischof.

Nach allem, was man aus Befragungen weiß, helfen Betroffenen Aufklärung, Entschädigung und öffentliche Sensibilität. Ein offizieller Missbrauchs-Gedenktag ersetzt nicht das Bemühen um Gerechtigkeit. Es ist bequem, an jedem 18. November die Arbeitshilfen samt Gebets-Vorlage von der Seite der Bischofskonferenz herunterzuladen und zu murmeln: »Wir bekennen vor dir das Wegschauen, Schweigen und Nichtstun derer, die die Taten geahnt haben und ahnen.« Das bleibt auf Erden so folgenlos wie das Schambekenntnis von Marx, Ackermann und Zollitsch.

Um sexualisierte Gewalt ausüben zu können, braucht es nicht nur fünf Prozent der Priester, 1670 aktenkundig Beschuldigte und ungezählte amtstragende Vertuscher. Es braucht auch dressierte Schafe. Wir Linksgebürsteten stellen uns zwar ab und an auf die Hinterbeine, aber in dieser Position halten wir nur kurz durch. 2010 ließen sich die organisierten Laien nach wenigen Monaten von Robert Zollitsch in einen Gesprächsprozess drängeln. Der durfte nicht »Dialog« heißen, weil Schafe nicht auf gleicher Höhe mit den Hirten sind, nicht einmal mit moralisch abgestürzten.

Katholikinnen und Katholiken haben ihrer Obrigkeit zwischen 2010 und 2018 die Lügen, Beschwichtigungen und Verdrehungen weitgehend durchgehen lassen. Ständiges Dagegenblöken macht heiser – und einsam. Gemütliches Beisammensein ist ein hoher Wert, auch für jene in der Opposition.

»Entrüstung als Erregungszustand wird nicht lange halten. Die katholische Kirche ist Spezialistin in Sachen Beruhigung durch beharrliche Verharmlosung, Vernebelung und erschöpfendes Aussitzen«, sagte der Kirchenrechtler Norbert Lüdecke im Herbst 2018. Der Blog »Theosalon« veröffentlich seinen Vortrag. »Wer in Deutschland wissen wollte, konnte das nicht erst seit knapp zehn, sondern seit über 30 Jahren und während all dieser Jahre rann gnadenlos der Sand der Verjährung«, rechnete Lüdecke vor.

Ich bin spät wachgeworden. Ungläubig lese ich nach, wie positiv ich 2011 über die geplante Pfeiffer-Studie in der »Zeit« geschrieben habe, obwohl sie anonymisiert sein würde. Auf meine Frage: »Wer damals an verantwortlicher Stelle Täter geschützt und danach Karriere gemacht hat, bleibt also geheim?«, antwortete Christian Pfeiffer in einem »Zeit«-Interview vom 14. Juli 2011: »Wir sind Forscher, wir sind kein Gericht. Wir stellen niemanden bloß und verurteilen niemanden.« Ich habe nicht weiter nachgefragt, der Sand der Verjährung lief – gnadenlos für die Betroffenen.

Ende 2011 habe ich mich für ein Interviewbuch mehrmals mit

Robert Zollitsch und Alois Glück im Haus des Freiburger Erzbischofs getroffen. Über die Verbrechen sprachen wir kaum.. Auf meine Frage, ob er als früherer Personalreferent des Erzbistums ein gutes Gewissen habe, antwortete er: »Ich habe, soweit ich Verantwortung trug, nach damaligem Kenntnisstand gehandelt, und zugleich schmerzt es mich, dass den Opfern nicht so geholfen wurde, wie wir das mit dem Wissen von heute tun würden.« Dann redeten wir über die geplante Studie, Ich wollte wissen, ob es vor allem um Gewissensberuhigung gehe. Alois Glück lobte, dass die katholische Kirche auf die Verbrechen »sehr konsequent reagiert« habe. Der Erzbischof bekundete: »Wir zeigen damit, dass wir uns unserer Verantwortung stellen und nicht mit dem Finger auf andere zeigen.« Als ich wissen wollte, ob die katholische Kirche sich ohne Klaus Mertes dem Thema gestellt habe, verwies Robert Zollitsch auf die Leitlinien. Die Bischöfe seien auch vor Mertes' Brief am Thema »dran« gewesen, sagte er.

Warum habe ich nicht deutlicher widersprochen? Warum habe ich keine der Fragen gestellt, die Norbert Lüdecke in seinem Vortrag aufzählt, zum Beispiel: Was hat den Erzbischof so sicher gemacht, dass in Deutschland alles anders sei als in anderen Ländern? Hat er das Geheimarchiv seines Vorgängers studiert oder war es ein schwarzes Loch? Hat er nur als Sünde behandelt, was kirchenrechtlich und staatlich eine Straftat ist? Hat er selbst die Vorgänge angemessen dokumentiert oder mündlich »bereinigt«?

Ich hätte ironisch anmerken können, dass die Verantwortung in einer dunklen Ecke abgestellt wurde, als er sich ihr zu stellen glaubte. Hirten haben moralisch versagt, aber funktional eine Glanzleistung abgeliefert. Der Ruhestand beendet ihre Amtszeit, nicht die Unruhe der Schafe oder die Bisse des eigenen Gewissens. Trotzdem katholisch sein, heißt für mich: Wir spät aufgewachten

Herdentiere sollten uns wenigstens jetzt um Gerechtigkeit bemühen.

Sachkenntnis ist dabei wichtiger als Wir-stehen-an-der-Seite-der-Betroffenen-Prosa. Sich sachgerecht einmischen fängt damit an, Risikofaktoren von Ursachen zu unterscheiden. Der Zölibat ist nicht die Ursache sexualisierter Gewalt, aber er ist ein Risikofaktor. Entsprechendes gilt für die Themen Homosexualität und Männerbund. Homosexualität ist keine Ursache, aber unreife Homosexualität ist ein Risikofaktor. Mannsein ist keine Ursache, aber männliche Monokultur ist ein Risikofaktor. Schon diese einfache Unterscheidung killt Killersätze wie: »Protestanten und Turntrainer haben keinen Zölibat und da gibt es das auch!« oder »Noch nie was von Täterinnen gehört?«

Sich sachgerecht einmischen, bedeutet auch, der Bezeichnung »Pädophilie-Skandal« zu widersprechen. Die Mehrheit der klerikalen Täter ist nicht pädophil, also sexuell auf Kinder fixiert. Wer von »Pädophilie«-Skandal spricht, glaubt, die eine Ursache – eine Präferenzstörung – gefunden zu haben und blendet das Gros der Risikofaktoren aus. Viele setzen Kindesmissbrauch aus Unkenntnis mit Pädophilie gleich, manche ignorieren bewusst wissenschaftliche Studien, um sich den Befunden zum Machtsystem Kirche nicht stellen zu müssen. Bezeichnenderweise verwendet auch Joseph Ratzinger in seinem Artikel für das »Klerusblatt« Missbrauch und Pädophilie stellenweise synonym. Es wirkt so, als sei die Kirche von Männern mit einer fehlgesteuerten »Liebe zum Kind« gekapert worden. Gesteigert wird die Perfidie durch das Dauerfeuer homophober Propaganda. Vor allem rechtskatholische amerikanische Portale wärmen sich an Konjunktiven der Sorte: Gäbe es weniger Schwule, gäbe es weniger Pädophile; gäbe es weniger Pädophile in der Kirche, dann wäre alles gut. Simplify your life, in fundamentalistischer Variante.

Wir Schafe haben lieber durchs Sakristei-Schlüsselloch geblickt als wirklich hinzusehen und hinzuhören. Geschichten über Kleriker, die Kinder missbrauchen, wurden gern in einem schlüpfrigen Ton erzählt, als sei Hochwürden bei etwas Peinlichem erwischt worden. Der Klatsch in den Gemeinden hatte oft die nachsichtige Voyeur-Perspektive: Priester sind doch auch nur Männer! Die müssen Druck ablassen! Auch Medien haben lange das Dampfkessel-Erklärmodell gewählt.

Bemühen um Gerechtigkeit zeigt sich unter anderem darin, dem Geschehen sprachlich und gedanklich gerecht zu werden. Was den Kindern, Jugendlichen und Ordensfrauen angetan wurde, ist weder peinlich noch schlüpfrig. Wenn wir davon erfahren, schauen wir nicht wie Spanner beim Sex zu, wir werden nachträglich Zeugen einer Straftat, einer Demütigung, eines Machtmissbrauchs, eines Vertrauensbruchs.

Auf einer Tagung mit dem Titel »Nicht ausweichen. Theologie angesichts der Missbrauchskrise« erzählt der Schauspieler Kai Christian Moritz im Februar 2019 erstmals vor Publikum, was ihm der »Vergewaltiger seines Lebens« angetan hat. »Penetration in allen denkbaren Varianten« nennt er es distanziert. Der beschuldigte Priester ist sein Onkel. Nach dem Tod der Mutter nahm der Geistliche den Jungen auf. Schuldbewusst zeigte sich der Ziehvater nicht, als Moritz ihn Jahre später zum Gespräch traf. »Aber ich liebe dich doch«, beteuerte er.

Moritz berichtet in seinem Statement weder von Liebe noch von Sex. Zwischendrin fragt er rhetorisch: »Warum erzählt er uns das alles? Eine theologische Fachtagung. Und irgendwie hat man das ja alles auch schon mal gelesen und im Fernsehen gesehen. Schlimm, aber... Mir ist es wichtig, die vielleicht einfache, aber entscheidende Tatsache festzustellen: Dies ist nur ein Schicksal von vielen.

Jedes ist anders, jeder und jede ist anders. Manche haben diesen Weg nicht überlebt. Alle aber eint, dass sie in ihrer menschlichen Würde angegriffen und zurückgestoßen wurden.« Schon mal gelesen, schon mal gesehen, schlimm, aber ... Betroffene wie Kai Christian Moritz sollten stillhalten, jetzt wühlen sie Jahrzehnte später in den »alten Geschichten«.

Sexualisierte Gewalt stürzt die Betroffenen nicht in eine dieser Passpartout-Lebenskrisen, wie sie gern in Predigten bemüht werden: Man steckt in einem Tief, irgendwann berührt einen Jesus und der gute Hirte führt einen wieder auf grüne Weiden. Die Schafe stecken die Köpfe zusammen, wenn jemand kommt, der, wie Moritz es nennt, »auf einem verschissenen Abhang« gestanden hat. Kein Hirte suchte ihn dort auf, kein anderes Schaf zog ihn nach oben.

Manche DBK-Pressestatements klingen so, als ginge es darum, Lernerfolge von Bischöfen zu feiern: Wer fünfmal in drei Minuten die Wörter Macht und Klerikalismus mit finsterer Miene ausspricht, bekommt eine Eins und hat die Unterrichtseinheit Reue erfolgreich absolviert.

Sexualisierte Gewalt hat keinen pädagogischen und keinen theologischen Sinn. Weder die Betroffenen noch die Zu- und Wegschauer müssen der Hirten-Hierarchie aus ihrer selbst verschuldeten Glaubwürdigkeitskrise helfen.

Wir geduldigen Schafe haben vielmehr die Pflicht, die Mechanismen der Selbststabilisierung durcheinanderzubringen: wenn wir fragen wie Norbert Lüdecke fragt, wenn wir betonierte Erschütterungsfloskeln sprengen, wenn wir Hierarchen die Gefolgschaft aufkündigen.

Trotzdem katholisch sein heißt für mich: tatsächlich erschüttert bleiben. Keinen Stein auf dem anderen lassen. Einen Stein des Herrschaftsgebäudes nach dem anderen umdrehen. Trotzig katholisch sein heißt: misstrauisch und machtsensibel bleiben. Ich sehe bei aller Reformsympathie in den Endlos-Debatten über System-Veränderungen ein Ablenkungsmanöver. Wer sich als Hirte freundlich und reformbereit gibt, kann leichter über persönliche Schuld und Verantwortung schweigen. Ich sehe in Stephan Ackermanns Idee, Entschädigungen aus der Kirchensteuer zu nehmen, einen Versuch, das Kirchenvolk gegen die Betroffenen aufzubringen und vom Versagen der Bischöfe abzulenken.

Wir Trotzdem-Katholischen gehen nicht hin in Frieden, wir bleiben im Streit. Wir geben keine Ruhe, bis wir herausgefunden haben, was wirklich geschehen ist. Ein vertuschender Hirte hat eine andere Verantwortung als ein wegsehendes Schaf, das muss sich im Entschädigungssystem abbilden. Aber wenn wir uns der Frage, was sexueller Missbrauch mit uns zu tun hat, entziehen, stehen wir Schafe mit den Hirten unter Generalverdacht. Und das völlig zu Recht.

Macht gibt es nicht: Im Reich der Bescheidenheitsbrutalität

Mehr als das Wort Weib provoziert in der katholischen Kirche das Wort Macht. Das war mir klar, bevor ich den »Weiberaufstand« schrieb. Das wurde noch klarer, nachdem das Buch gerade erschienen war. Die fünf Buchstaben im Untertitel lösen ähnlich allergische Reaktionen aus, wie man sie aus hippen Cafés mit veganem Milchangebot kennt: Sojamilch, Reismilch, Hafermilch, Mandelmilch und Kokosmilch stehen dort handgeschrieben auf Tafeln mit dem Tagesangebot. Wer auf die Frage, was den Cappuccino toppen soll, mit »Kuhmilch!« antwortet, muss mit einem geblafften »Gibt's nicht« rechnen. Vielleicht wird nach langem Warten doch verschämt ein Tetrapak mit Kuhflecken-Dekor unter der Theke hervorgezogen.

Macht, las ich in vielen Rezensionen zum »Weiberaufstand«, werde von mir völlig überschätzt. Die gebe es in der katholischen Kirche nicht, und falls doch eine Portion davon irgendwo abgepackt unter einem Altar deponiert sei, hätten Frauen es nicht nötig zuzugreifen. Die katholisch-veganen Reis-, Soja- und Sonstwie-Substanzen mit Aufschäumpotenzial heißen Dienst, Demut und Spiritualität. Bis heute bricht Katholikinnen die Kreide ab, sollten sie das Wort Macht auf die Tafel einer Veranstaltungsreihe bringen wollen. Ein Slogan wie »Zukunft gemeinsam gestalten« lässt sich mit sanften Bögen niederschreiben. Macht kann man nicht in Schönschriftschnörkeln präsentieren, und selbst wenn: Irgendwer guckt trotzdem böse. Das erlebte die kfd, als sie vor einigen Jahren den Spruch ersann: Frauen.Macht.Zukunft. Die wollen doch nicht etwa...? Der Slogan blieb. Aber ein »gestalten« in der Mitte hätte weniger Ärger gemacht.

Jeder Macht-Verdacht löst lagerübergreifend Sätze aus wie: Jedes Amt ist Dienst! Männer wie Frauen, Geweihte wie Nicht-Geweihte sind in Demut vereint! Frauen und Männer haben unterschiedliche Charismen! Spiritualität ist weiblich!

Ich könnte viele Artikel und facebook-Kommentare als Beispiel anführen. Aus den vielen greife ich einen Text heraus, der die gängigsten Autoimmunreaktionen auf das M-Wort bündelt. Eine junge Theologin wies im Mai 2017 in einer Kolumne für das Portal »katholisch.de« die damals zarten Anfänge eines innerkatholischen Machtdiskurses idealtypisch zurück. Sie hat beobachtet: »Noch immer begegnet man kirchlichen Amtsträgern, die weniger die Ausstrahlung haben, anderen zu dienen, als vielmehr, sich bedienen zu lassen. Bewusst oder unbewusst lassen sie sich besonders behandeln, nehmen sich heraus, was Anderen versagt ist, prahlen mit Besitz und Einfluss oder machen insgesamt ihren Unterschied zum ›ganz normalen‹ Kirchenvolk allzu deutlich.«

Wenn Macht sichtbar wird, ist das ein Versehen. Es gibt zwar eine Differenz zwischen geweihten Wesen und dem »ganz normalen Kirchenvolk«. Idealerweise sollte diese nach Meinung der Autorin nicht »allzu deutlich« erkennbar sein. Wird sie es doch, sortiert die Theologin das als Prahlerei ein, als individuelles Fehlverhalten.

Machtleugnung funktioniert nur, wenn ein bedeutungsvoller Unterschied bis zur Unkenntlichkeit kleingeredet wird. Die Weihe verwandelt ein Schaf in einen Hirten. Das ist kein Kinderkram, das ist Kirchenrecht. Alle Sakramente verändern die Empfangenden, keines verändert so wie die Priesterweihe. Das männliche Wesen macht einen ontologischen Sprung. Die Taufe erzeugt Schafe, die Weihe Hirten.

Die Wahrscheinlichkeit ist hoch, dass eine solche Theologie des Weiheamtes den Geweihten dazu verleitet, das Anderswerden mit Besserwerden zu verwechseln. Das bedeutet nicht, dass jeder Priester sich den Ungeweihten überlegen fühlt. Es bedeutet aber, dass derjenige, der es will, auf diesen Unterschied pochen kann.

Fehlverhalten und Wohlverhalten sehen einander zum Verwechseln ähnlich. Machtmissbrauch und Machtgebrauch sind nicht voneinander zu unterscheiden. Was die Theologin beschreibt, gilt in der katholischen Kirche vielleicht als anstößig, unzulässig ist es nicht. Ein Hirte wie Franz-Peter Tebartz-van Elst dürfte fest davon überzeugt sein, dass seine Goldgewänder keine Prahlerei waren, sondern Dienst an der Wahrheit. Lange hielt ihn niemand auf. Kirchenrechtlich hat seine eigenwillige Auslegung des ontologisch anderen Daseinszustands keine Konsequenzen. Mag der aktuelle Papst auch einen bescheidenen Lebensstil anmahnen, es bleibt in Ordnung, sich derart »besonders behandeln« zu lassen. Die Sanktion – der nahegelegte Rücktritt – ist milde und gesichtswahrend.

»Macht glänzt durch Abwesenheit«, schreibt der Philosoph Byung-Chul Han. Wenn er Recht hat, funkeln Kirchenrecht und Theologie mehr als jede Monstranz. Das Wort »Macht« kommt im Kirchenrecht nicht vor, jedenfalls nicht in Zusammenhang mit Ämtern. Macht gebührt dem Allmächtigen, nicht der Institution.

Die Kirchenrechtlerin Judith Hahn registriert: »Dass Kirchenrecht Macht verleiht, indem es einige befähigt, die Kirche und ihr Recht zu organisieren, leuchtet rechtssoziologisch unmittelbar ein.« Gleichwohl bestehe im kirchlichen Raum eine »auffällige Zurückhaltung«, Recht vom Vorzeichen der Macht her zu deuten. Die Machtfrage werde »offenkundig ungern klar artikuliert«.

Das ist fein beobachtet und fein dosiert. Die Theologie hat die Machtfrage lange weiträumig gemieden, als sei sie unappetitlich. Sie ist riskant: Theologen wie Eugen Drewermann und Hans Küng haben für ihre Machtkritik mit dem Entzug der Lehrerlaubnis bezahlt.

Ein junger Dozent, der anders als seine Kollegin auf »katholisch.de«, die Prahlerei mit dem Priesterkragen für systemisch hält, sagte mir in einem Gespräch: »Ich würde gern meine Habilschrift zur Ämtertheologie verfassen, aber damit muss ich warten, bis ich fest im Sattel sitze.« Dass das Nihil Obstat tatsächlich verweigert würde, bleibt Spekulation. Die Befürchtung genügt. Glänzend abwesende Macht erzeugt vorauseilenden Gehorsam. Ein Theologieprofessor, dem ich das Zitat vorlege, schreibt: »Ich kann ihn verstehen. Er ist abhängig.«

Das Kirchenrecht präsentiert Dienst und Demut perfekt aufgeschäumt auf dem Silbertablett. Von Verkündigungsdienst und Heiligungsdienst, Dienst am Wort Gottes und Dienst an der Kirche spricht der CIC. Im zentralen Satz übers Amt wird sogar doppelt serviert: einmal als Substantiv, einmal als Verb. In Can. 154 §1 heißt es: »Kirchenamt ist jedweder Dienst, der durch göttliche oder kirchliche Anordnung auf Dauer eingerichtet ist und der Wahrnehmung eines geistlichen Zweckes dient.«

Selbst wer im Dauerdienstmodus verweilt und die Existenz von Macht bestreitet, müsste während des CIC-Studiums bei einem Wort aufschrecken: Gewalt. »Alle Staatsgewalt geht vom Volke aus«, heißt es im Grundgesetz; damit wird ein fundamentaler demokratischer Gedanke formuliert. Alle Kirchengewalt geht von Gott aus, ließe sich analog dazu für das Gebilde katholische Kirche formulieren. Damit ist kein demokratischer Gedanke formuliert. Der CIC unterscheidet zwischen Gewalt, Vollmacht und Befugnis. Unterscheiden bedeutet jedoch weder trennen noch teilen. Alle drei sind mit der Priesterweihe verbunden, das Unterschiedene vereint sich in einer Person. Priester sollen lehren, heiligen und leiten. Durch Weihegewalt bekommen sie die Vollmacht, Eucharistie zu feiern und die Krankensalbung zu spenden. Die Vergebung der Sünden setzt eine besondere Befugnis voraus, die der Bischof einem Priester erteilt. Bischöfe wiederum sind mit einer umfassenden Leitungsgewalt ausgestattet, sakramental, juristisch und administrativ. Sie setzen Recht und sprechen Recht. Sie weihen Priester, die ihnen wiederum Gehorsam versprechen. Can. 129 § 1 besagt: »Zur Übernahme von Leitungsgewalt, die es aufgrund göttlicher Einsetzung in der Kirche gibt und die auch Jurisdiktionsgewalt genannt wird, sind nach Maßgabe der Rechtsvorschriften diejenigen befähigt, die die heilige Weihe empfangen haben.« Der CIC schweigt dazu, wie sich Bischöfe für die umfassende Leitungsgewalt qualifizieren. Da herrscht Gottvertrauen, dass mit der Bischofsweihe auch Führungsqualitäten vom Himmel fallen.

Gewaltenteilung ist in diesem System nicht vorgesehen. Gegen eine als ungerecht empfundene Entscheidung des Bischofs lassen sich keine Rechtsmittel einlegen. Individuelle Abwehrrechte sind diesem System fremd. Wenn gegen Kirchenrecht verstoßen wird, dann ist die Kirche das Opfer, nicht der oder die Einzelne.

Strittig ist, ob Leitungsgewalt tatsächlich nur von Männern mit Priester- bzw. Bischofsweihe ausgeübt werden kann. Vor der Einführung des neuen CIC Anfang der 1980er-Jahre wurde diskutiert, inwieweit auch Laien Leitungsgewalt zukommt. Es ist bis heute ein Streitthema geblieben, beide Seiten haben Argumente und Dokumente. Betrachtet man den theologischen Überbau des Kirchenrechts, achtet man auf die Renaissance römischer Priesterkragen und die Zelebrantenmode im Pontifikat Benedikts XVI., so wird die Antwort eindeutiger: Ein Leitungsgewaltverzicht von Klerikern ist theoretisch, optisch und praktisch nicht zu erkennen. Der Unterschied zum Kirchenvolk dürfte eher größer als kleiner geworden sein.

Der Abstand zwischen Klerus und Volk ist weder Versehen noch individuelles Fehlverhalten. Er ist lehramtlich erwünscht und kirchenrechtlich vorgesehen. Dem widerspricht nicht die Tatsache, dass Leitungspositionen in Gemeinden und Führungspositionen in kirchlichen Ordinariaten ab und an mit Laien und Laiinnen besetzt werden. Oft müssen komplizierte Konstruktionen gefunden werden, um dieses zu ermöglichen, weil Leitungsgewalt ohne Weihe systemfremd ist. Die Ankündigung des Erzbischofs von München und Freising, eine Generalvikarin zu ernennen, war medienwirksam, aber voreilig. Diese Leitungsgewalt liegt in München weiterhin bei Klerikern. Es amtiert immer noch ein Generalvikar, auch wenn eine Frau zur Amtsleiterin aufgestiegen ist.

Während die »katholisch.de«-Kolumnistin den großen Unterschied kleinredet, macht sie eine andere Differenz groß: Es gibt offenbar falsch und richtig verstandene Ämter. Nimmt ein Amtsträger in Anspruch, was das Kirchenrecht ohne Weiteres ermöglicht – fein ausgedrückt: Leitungsgewalt, weniger fein ausgedrückt: das Sagen haben – macht er etwas falsch. »Sollte die Konsequenz sein, als Frau ein solches, so oft falsch verstandenes Amt zu fordern, weil es mit Macht und Einfluss verbunden ist?«.

Diesen katholischen Taschenspielertrick gibt es in vielen Variationen. Warum sollte es besser sein, machtgeile Frauen in Ämtern zu haben als machtgeile Männer? Schon eine Frage dieser Art verzerrt das Anliegen. Im Namen der Gleichberechtigung fordern Frauen nicht ein »falsch verstandenes Amt«, sondern ein Amt. Das ist mit Vollmachten verbunden. Sollte daran etwas problematisch sein, dann muss sich das Amt ändern, nicht die Frau und nicht die Forderung. Der Vorwurf müsste also an die Männer mit Deutungshoheit adressiert werden. Stattdessen schmeißt die Kolumnistin die Verwirbelungsdüse an, heraus kommt das große Miteinander: »Es sollte uns vielmehr um eine Neuentdeckung dessen gehen, was Christsein bedeutet. Wenn endlich der uralte Hiat zwischen Laien und Klerus überwunden würde, könnte deutlich werden, dass wir alle, zölibatär oder verheiratet, unfreiwillig oder freiwillig Single, hauptamtlich oder ehrenamtlich, Christus nachfolgen. Brauchen Frauen wirklich eine offizielle Anstecknadel der Kirche, um sie zu Zeuginnen Christi zu machen, oder reicht es nicht, von ihm begeistert zu sein?«

Der »Hiat« zwischen Laien und Klerus ist nicht uralt, er wird immer wieder erneuert. Die Hierarchie existiert, die Gleichberechtigung der Getauften und Gefirmten nicht. Sanft gleitet die Theologin über die Tücken der Ämtertheologie hinweg. Sie übersieht nicht nur, sie unterstellt auch: Wer einen Machtdiskurs in der katholischen Kirche zu führen versucht, hat von der Botschaft nichts verstanden. Eine geistige Auseinandersetzung mit dem Herrschaftssystem Kirche spielt sie gegen die Begeisterung für Jesus aus.

Wäre das keine Online-Kolumne, sondern eine Passage in einer akademischen Arbeit, müsste man »Kategorienfehler« an den Rand schreiben. Konstruktionsfehler im institutionellen Gefüge lassen sich nicht wegbeten. Mit ihrer Unterstellung befindet sich die Kolumnistin in bester, hochhierarchischer Gesellschaft. Wenn Kardinäle und Bischöfe auf dem synodalen Weg Evangelisierung gegen Strukturreform in Stellung bringen, dann meinen sie: Wir glauben begeistert, ihr von der Strukturfront sitzt graugesichtig in Stuhlkreisen. Judith Hahn benennt in ihrem Buch zur »Kirchenrechtssoziologie« präzise, welches Kalkül hinter Alternativen wie Evangelisierung statt Strukturreform, Beten statt Diskutieren, Dienen statt Herrschen steht: »Wer Machtstrukturen hinwegtheologisiert, erschwert es den Kirchengliedern, sie zu identifizieren und strukturelle Machtasymmetrien zu kritisieren. Wenn Macht Dienst ist, leistet schließlich der, der mehr Macht hat, einen größeren Dienst.«

Gemeinhin lebt Wissenschaft davon, dass weder Ergebnis noch Forschungsgegenstand vorgegebenen sind. In der katholischen Kirche wird »Macht« als Gegenstand des Nachdenkens schon für irrelevant oder verwerflich erklärt, bevor eine Beschäftigung damit beginnen kann. Ich achte in argumentativ daherkommenden Texten zu den klassischen katholischen Streitthemen darauf, wann der Autor oder die Autorin den Heiligen Geist und Gottes oder Jesu Wille bemüht. Je früher, desto verdächtiger. Die geliehene oder geklaute göttliche Autorität soll das Argument ersetzen. Anti-intellektueller Sprühnebel wird als Heiliger Geist verkauft. Unter der Dienst-und-Demut-Schaumkrone wird ein bitteres Gebräu gereicht. Wer das nicht widerspruchslos schluckt, wird belehrt: »Sie haben die Sakramentalität der Kirche nicht verstanden.«

Der Erzbischof von Köln Rainer Maria Woelki kritisierte im September 2019, dass für manche die Kirche ein »rein soziologisches Gebilde geworden sei«. Er lehne es ab, basierend auf »angeblich neueren wissenschaftlichen Erkenntnissen der Sozial- und Humanwissenschaften Glaube und Lehre der Kirche zur Disposition zu stellen und wie Politiker in einem Parlament mit demokratisch gefassten Mehrheitsbeschlüssen eine »sogenannte Reform« der Kirche herbeizuführen.

Ich habe nun, ach, nicht Theologie studiert, auch nicht Kirchenjuristerei, sondern Politikwissenschaft. Das Institut, das mir anno 2000 erstmals einen Lehrauftrag erteilte, heißt Institut für Politische Wissenschaft und Soziologie. Ich passe ins erzbischöfliche

Feindbild. Politikwissenschaft befasst sich nicht nur, aber auch mit Macht und Herrschaft. Manchmal werden die Begriffe synonym verwendet, manchmal nicht. Es gibt Kontroversen und Ambivalenzen, es entwickeln sich herrschende Lehren, diese werden infrage gestellt und revidiert.

Innerhalb des pluralen wissenschaftlichen Diskurses über Macht ist eines unbestritten: Macht wird in der Politikwissenschaft nicht verdammt, sie wird beschrieben. Worin besteht sie? Wie wird sie erlangt? Wie ist sie legitimiert? Wie wird sie kontrolliert? Regierungssysteme werden daraufhin untersucht, ob und wie Gewalten geteilt und welche Grundrechte dem Einzelnen zugestanden werden. Merkmale dieser Art unterscheiden Demokratien von Diktaturen, autoritäre Regime von nicht-autoritären.

Wenn Politikwissenschaftlerinnen und Politikwissenschaftler in Wahlsendungen auftreten, sollen sie übers Grundsätzliche hinaus Machtgelüste oder Machtverluste abschätzen. Ich kann mich nicht daran erinnern, dass ein Experte je geantwortet hätte: In der deutschen Bundesregierung gibt es keine Macht, da gibt es nur Dienst und Demut. Auch die Regierenden behaupten das nicht. Amtseide enthalten zwar das Wort »dienen«. Angela Merkel hat sich jedoch nicht am Tag ihrer Wahl zur Bundeskanzlerin 2005 als einfache Erntehelferin im Weinberg des Grundgesetzes präsentiert. Auch ein Märtyrerinnenschicksal lag ihr fern. Anders ein deutscher Kardinal, der im selben Jahr in ein hohes Amt gewählt wurde. Benedikt XVI. stellte sich im April 2005 den Massen als einfacher Arbeiter im Weinberg des Herrn vor, gegenüber der Presse sprach er von einem »Fallbeil«, das mit der Wahl zum Papst auf ihn herabgesaust sei.

Die Existenz von Macht wird weder in der Politik noch in der Politikwissenschaft geleugnet. »Berlin« mag ein Intrigantenstadl sein, aber zumindest in dieser Hinsicht geht es aufrichtiger zu als in Rom.

Der verschämte Umgang mit Macht ist das Unverschämte in der katholischen Kirche. Ein Papst ist qua Amt Herrscher. So ist die katholische Kirche seit dem späten 19. Jahrhundert konstruiert. Erklärt sich ein Papst zum »einfachen Arbeiter«, so verschleiert er die besondere Verantwortung, die mit einem hohen Amt verbunden sein müsste. Ich bin nicht mächtig, ich bin in der Nachfolge Jesu ohnmächtig – das bedeutet auch: Ich war's nicht, wenn Unrecht geschehen ist. Der kleine Arbeiter hat damit nichts zu schaffen.

Es regiert Bescheidenheitsbrutalität. Damit behaupte ich nicht, dass alles Streben und alles Beharren in der katholischen Kirche allein der Macht gilt. Aber das Leugnen von Macht ist Macht. Die Institution konnte es sich lange leisten, darüber zu schweigen. Die Theologie konnte es sich nicht leisten, darüber zu reden. Sie überließ den Machtdiskurs anderen Disziplinen. Max Weber und Niklaus Luhmann haben für die Soziologie Entscheidendes zum Thema gesagt, Thomas Hobbes, Friedrich Nietzsche, Hannah Arent und Michel Foucault für die Philosophie und Psychologie. Das Ergebnis ihrer Arbeit ergibt keine einheitliche Definition, kein Dogma nach dem Motto: Es ist zu glauben, dass …

Macht bleibt ein schillernder, elektrisierender Begriff. Das Nachdenken darüber reicht zurück bis in die Antike und geht in Soziologie, Philosophie und Politikwissenschaft weiter. Gegen Kritik sind nicht einmal die Soziologen-Götter beziehungsweise ihre Stellvertreter auf Erden gefeit. So ist das in der Wissenschaft.

Es ist weder intellektuell noch seitenökonomisch möglich, an dieser Stelle die bedeutendsten Machttheorien der Soziologie- und Philosophiegeschichte aufzufalten. Aber vielleicht machen die folgenden Absätze deutlich, welcher geistige Magermilchersatz mit römisch-geprüfter Dampfdüse aufgeschäumt wird, wenn Sätze fallen wie: »In der Kirche gibt es keine Macht, allenfalls Vollmacht« oder »Alle Macht ist Dienst«.

Die berühmteste Macht-Definition stammt vom Soziologen-Papst Max Weber. Macht sei jede »Chance, innerhalb einer sozialen Beziehung den Willen auch gegen Widerstreben durchzusetzen, gleichviel worauf diese Chance beruht«, schreibt er in »Wirtschaft und Gesellschaft«. Macht ist keine feste Größe, sie ist ein Geschehen. Sie kann nicht gehortet werden, sondern muss immer neu ausgeübt werden. Sie setzt einen eigenen Willen voraus, aber der allein reicht nicht. Ob sich aus der »Chance« tatsächlich die Durchsetzung des Willens ergibt, hängt von nicht näher genannten Faktoren ab. Wer im Weberschen Sinne Macht hat, ist weder auf die Zustimmung der Bestimmten angewiesen noch auf deren Einsicht. Notwendig ist ein Ungleichgewicht in der sozialen Beziehung. Unter wirklich Gleichen entsteht kein Machtverhältnis, Macht setzt Asymmetrie voraus.

Weber grenzt Macht von Herrschaft ab. Als Herrschaft bezeichnet der Soziologe »die Chance, für einen Befehl bestimmten Inhalts bei angebbaren Personen Gehorsam zu finden«. Herrschaft ist, wie der Politologe Andreas Anter schreibt, für Weber eine »institutionalisierte und verfestigte Form von Macht«. Weber unterscheidet bürokratische, traditionale und charismatische Herrschaft. Gemäß dieser Typologie übte Jesus eine charismatische Herrschaft aus. Er wirkte durch seine prophetischen Gaben und durch seine Wundertaten. Anders als traditionale Herrscher hatte er keine Untertanen, sondern Jünger. Stirbt der charismatische Führer, endet seine außeralltägliche Herrschaft – es sei denn, das Charisma kann auf andere übertragen werden. Weber nennt hier ausdrücklich »das priesterliche Charisma, durch Salbung, Weihe oder Handauflegung«. Die Weihe ist konstitutiv für das höchst irdische Herrschaftssystem. In anderen Kulten erschaffen magische Handlungen Häuptlinge, in der katholischen Kirche bewirkt die Weihe ein institutionelles Wunder. Die römisch-katholische Kirche veralltäglicht und verstetigt das außeralltägliche Charisma ihres Gründers. Der Herrscher befiehlt, der Beherrschte gehorcht – das wäre zu simpel. Die Fügsamkeit der Jünger beruht auf Gehorchenwollen.

Der Soziologe Niklas Luhmann hat Webers Macht-Konzept nicht gläubig übernommen. Er hat sich unter anderem an der unpräzisen Formulierung »gleichviel worauf« zu schaffen gemacht und die Willenskraft als wichtigsten Machtfaktor infrage gestellt. Er beschreibt Macht als »Chance, die Wahrscheinlichkeit des Zustandekommens unwahrscheinlicher Selektionszusammenhänge zu steigern«. Klingt kompliziert, ist es auch. Entscheidend ist, dass Luhmann gerade nicht fragt, ob und was jemand durchsetzen will, sondern wer wem zutraut, eine bestimmte Wirkung erzielen zu können. Auch die Zuschreibung von Wirkung, der Anschein von Macht erzeugt Macht. Macht, so Luhmann, sei nur erkennbar und praktizierbar, wenn »das Verhalten der Beteiligten sich einem symbolischen Code zuordnet, der eine Situation als Machtsituation beschreibt«.

Jedes System, jede Organisation hat einen eigenen Code. Macht ist Kommunikation. Der Philosoph Byung-Chul Han erklärt die Luhmannsche Theorie so: »Im Gegensatz zu jeder negativen Konzeption von Macht, die immer ›Nein‹ sagt, besteht die Funktion des Kommunikationsmediums Macht darin, die Wahrscheinlichkeit des ›Ja‹ zu erhöhen.« Die Chance, von der Luhmann in Anlehnung an Max Weber schreibt, liege in dem Zwischenraum zwischen Jubel und Zwang. Die Sprache der Macht, ihr Code und ihre

Symbolik, werden unterschwellig verstanden. Die Mächtigen werben um Zustimmung, ohne auf sie angewiesen zu sein.

Ein dritter inspirierender Denker ist Michael Foucault. Immer wieder hat er sich mit Christentum und Kirche auseinandergesetzt. Das Kerngeschäft des Christentums bezeichnet er als »Pastoralmacht«. Er versteht darunter nicht die institutionalisierte, hierarchische Kirche des 19. Jahrhunderts, er bezieht sich auf die Gemeinschaft der Gläubigen und das Heilsversprechen der Botschaft.

Das Bild von Schafen und Hirten durchdenkt er gründlich, bis von der Almöhi-Idylle nichts übrig bleibt. Warum lassen sich Schafe von Hirten leiten? Wie entsteht Führung? Pastoralmacht beschreibt eine komplexe Beziehung zwischen Individuum und Gemeinschaft, Untergebenem und Führungsfigur. Es reicht nicht, dass der Hirte die Führung beansprucht, Zwang allein nützt wenig. Damit Schafe seine Führung annehmen, braucht er eine verführerische Erzählung, ein Versprechen. Im Falle des Christentums ist dies das Seelenheil im Jenseits, aus dem sich Anweisungen für das Diesseits ableiten.

Wer Macht ausübt, beeinflusst die Handlungen anderer. Wer Pastoralmacht ausübt, beeinflusst andere durch Kontrolle und Disziplinierung, allerdings so, dass der Einzelne dies nicht als fremden, sondern als eigenen Willen empfindet. Kontrolle geht mit Selbstkontrolle einher, Disziplinierung mit Selbstdisziplin. Die Beziehung zwischen Hirten und Herde bezeichnet Foucault als »Regierung der Seelen«. Im 19. Jahrhundert habe der moderne Staat diese Pastoralmacht »säkularisiert«. Er verspricht kein Seelenheil im Jenseits, aber Wohlfahrt, Sicherheit und Beteiligung.

Schon diese wenigen Seitenblicke auf Soziologie und Philosophie zeigen: Es ist unwahrscheinlich, dass in einer Institution wie der katholischen Kirche keine Machtverhältnisse existieren. Wo

Beziehung ist, ist Macht. Wo Sinn versprochen wird, ist Macht. Wo Hierarchie existiert, ist Macht.

Kleriker stellen Allergie, ja Abscheu gegen das M-Wort zur Schau. Einen eigenen Willen durchsetzen? Herrschaftssystem Kirche? Um Gottes willen! Wer so spricht, verkennt die göttliche Stiftung. Kein Bischof, der gewählt wird, sagt: Ich habe eine glänzende Karriere hingelegt, jetzt kann ich endlich durchsetzen, was ich mir schon beim Messespielen als Kind vorgenommen habe. Ein geweihter Mann darf nicht nach Leitungsgewalt streben. Die Leitungsgewalt strebt zum Manne.

Durchsucht man lehramtliche Dokumente, so wirken sie wie die handgeschriebene Tafel im veganen Café. Alle möglichen Macht-Ersatzprodukte sind im Angebot, nur nicht die Kuhmilch in der Vollfettvariante. Kommt sie doch vor, dann wird sie mit Ekelfaszination gereicht. Joseph Ratzinger schrieb in seinem Brief an die Bischöfe vom 31. Mai 2004 mit spitzen Fingern über das Streben nach Macht. Besonders besorgten ihn strebsame Frauen. Machtgelüste stifteten Unheil und Verwirrung, warnte er. Wo zwei oder drei im Namen des Katholizismus versammelt sind, entstehen bloß Dienstverhältnisse. Machtverhältnisse kennt nur die böse Welt da draußen.

Ein Präfekt einer vatikanischen Kongregation ist gemessen an den Überlegungen von Foucault, Weber und Luhmann ein in vielerlei Hinsicht mächtiger Mann: Katholische Amtsträger haben eine sinnstiftende Erzählung – das Seelenheil. Sie verfügen über eine Organisation und einen Kommunikationscode. Gehorsam nur zu erzwingen, wäre ihnen zu primitiv. Sie bekommen ihn oft vorauseilend.

Bischöfe, Kardinäle und Päpste müssen nicht nur Karrieregelüste verhehlen, sondern auch Gestaltungswillen. Joseph Ratzinger setzt Macht mit Machiavellismus gleich. Sie wirkt wie Schmutz, der verschwindet, indem man ihn verschweigt. Diese Komplexitätsreduktion ist erstaunlich für einen Theologen, dem seine Apologeten nachsagen, er habe Denken und Glauben vereint. Hier vernebelt Glaubenstreue das Denken.

»Dass Leiter und Verwaltungsstab eines Verbandes der Form nach als ›Diener‹ der Beherrschten auftreten, beweist gegen den Charakter als ›Herrschaft‹ natürlich noch gar nichts«, bemerkt Max Weber trocken. Die römisch-katholische Kirche lässt sich als Herrschaft der Dienstdarsteller deuten.

Zwei Glaubenssätze erklären die kirchliche Machtscham. Zum einen ist da das bereits zitierte Jesus-Wort: »Bei euch aber soll es nicht so sein.« Wer Jesus nachfolgt, soll andere Erfolgskriterien haben als Einfluss, Geld und Ruhm. Jesu Reich war nicht von dieser Welt. Nach weltlichen Maßstäben endete er ohnmächtig als Verlierer am Kreuz. Religion sollte demnach frei sein von der Logik der Macht. Gerade in dem, was sie nicht ist, soll das Andere, das Heilsame bestehen. Religion ist nicht Repression.

Ein zweiter zentrale Satz steht im Römerbrief des Apostels Paulus: »Jeder ordne sich den Trägern der staatlichen Gewalt unter. Denn es gibt keine staatliche Gewalt außer von Gott« (Röm 13, 1). Der Politikwissenschaftler Andreas Anter erinnert in seiner Darstellung verschiedener Machttheorien daran, was Marsilius von Padua im 14. Jahrhundert aus diesem Paulusbrief ableitete: Wenn Gott der Ursprung der weltlichen Macht ist, kann es keine rechtmäßige kirchliche Macht geben. »Geistliche Macht« sei ein Widerspruch in sich.

Die katholische Kirche perfektioniert im 19. Jahrhundert die Selbstwidersprüchlichkeit. 1870 entsteht das heute noch intakte Herrschaftssystem. Das Gottesgnadentum sieht im Zuge der Aufklärung im politischen Kontext alt aus, konstitutionelle Monarchien und parlamentarische Demokratien gelten als Verheißung. Die katholische Kirche setzt dieser Entwicklung ihre eigene absolutistische Monarchie entgegen. Max Weber nennt in seiner Schrift »Wirtschaft und Gesellschaft« das Neue von 1870 »Kaplanokratie«. Es sei eine moderne bürokratisch-zentralistische Struktur mit Bischöfen und Priestern als »Beamte eines Betriebes« entstanden. Diese absolutistische, bürokratische Monarchie ist nicht einfach aus dem vorvergangenen Jahrhundert übrigblieben, sie wird bis in die Gegenwart liebevoll ausstaffiert.

Glaubt man der katholisch-monarchischen Fraktion im Vatikan, bewahrt diese Gegenwelt vor Verfallserscheinungen aller Art: Relativismus, Modernismus, Feminismus, Genderismus, Sexualisierung.

Das Erste Vatikanische Konzil verändert den Daseinszustand des Papstes. Er wird nicht nur Monarch von Gottes Gnaden, er ist auch verfassungsrechtlich Gottes Stellvertreter auf Erden. Er darf unfehlbare, damit göttliche Entscheidungen verkünden. Tiara, Thron und Sänfte wirken schon im 19. Jahrhundert ästhetisch unzeitgemäß zwischen rauchenden Schloten und proletarischen Elendsvierteln. Politikwissenschaftlich betrachtet, ist die katholische Monarchie hochmodern. Unfehlbarkeit ist unschlagbar effizient. Die Zeit voller Innovationen und technischer Erfindungen verlangt schnelle Entscheidungen statt langwieriger Beratungen. Wer das Sagen haben will, muss es schnell sagen können. Die Erfindung des unfehlbaren päpstlichen Lehramtes ist in dieser Hinsicht ein Coup. Der Dogmatiker Michael Seewald bemerkt in seinem Buch »Reform« ironisch-anerkennend: »Ihr Ziel bestand darin, dem Papst jene Vollmachten und jene Autorität zu geben, die er brauchte, um der Moderne und ihrem Entscheidungsdruck in strategischer

Weise gerecht werden zu können, ohne der Moderne normativ mit ihrem Fokus auf der religiösen Entscheidungskompetenz des Einzelnen entsprechen zu müssen.« Einer spricht für alle, einer entscheidet für alle.

Grundsätzlich müsste das noch immer gelten, trotz des Zweiten Vatikanischen Konzils. Allerdings gilt in den meisten lehramtlichen Fragen: Einer spricht für alle und fast jeder entscheidet für sich. Besonders sichtbar wird dies am Schicksal der Enzyklika »Humanae Vitae«. Sie war als Machtwort gedacht. Dem Roma locuta folgte jeodch eine Causa infinita. Zunächst baten Gläubige noch im Beichtstuhl um die Absolution für Pille und Kondom, mittlerweile ist »Humanae Vitae« der katholischen Kompostierung anheimgefallen. Was die katholische Kirche über Sexualität und Verhütung lehrt, wird von der Mehrheit der Katholikinnen und Katholiken offensiv ignoriert. Für einen kleinen Teil ist es allerdings von höchstem Belang, zumindest theoretisch. Mit der Ordnung des Trieblebens verbinden sie die Ordnung der Kirche. Sie rekurrieren dabei weniger auf Paul VI. als auf die »Theologie des Leibes« von Johannes Paul II.

Die Wacht am Bett ist Macht, wusste Foucault. Diese Macht besteht nicht in der Repression, im bloßen Nein-Sagen. Sie besteht darin, die Bedingungen zu formulieren, unter denen Sexualität erlaubt ist. In keinem der vielen lehramtlichen Dokumente zur Geschlechtsverkehrskontrolle wird explizit ein Machtanspruch definiert. Sexualität dient dem Fortbestand der Menschheit und dem Wohl der Gatten, seit dem Zweiten Vatikanischen Konzil ist der eheliche Akt Abbild göttlicher Liebe. Die Kehrseite der Erlaubnis waren die quälenden Fragen im Beichtstuhl. Bis in die 80er-Jahre hinein bezogen sie sich auf das sechste Gebot, auf Sex außerhalb der Ehe und Selbstbefriedigung. Absolution ist auch ein Spiel mit der Angst.

»Der Beichtstuhl ist für die Pastoralmacht wichtiger als der Altar«, sagte der Theologe Rainer Bucher auf einem kirchlichen Strategiekongress im Dezember 2019 in der Thomas-Morus-Akademie. Die schwindende Beichtsehnsucht ist nach dem Verlust politischer Macht das zweite große Minus in der Bilanz. Der Kirche kam damit jene geistliche Macht abhanden, die sie laut Marsilius von Padua nie hätte besitzen dürfen.

Die Hoheit über Betten und Gewissen der Schäfchen besteht nur noch auf dem Papier. Die Hirten-Hierarchen haben sich gegen Kritik immunisiert, die Schafe haben sich ihrerseits ein dickes Fell zugelegt. Deutlich weniger Gläubige geben der Kirche noch die Vollmacht, sich von ihr verletzen zu lassen.

Der Soziologe Ulrich Beck schrieb in seinem 2002 erschienen Buch »Macht und Gegenmacht im globalen Zeitalter«: »Selbstverständlichkeit, Vergessen und Größe der Macht korrelieren positiv. Man kann geradezu sagen: Wo niemand über Macht spricht, ist sie fraglos da, in ihrer Fraglosigkeit zugleich sicher und groß. Wo Macht Thema wird, beginnt ihr Zerfall.«

Dieser Punkt ist erreicht. Macht ist zum Thema geworden. Das Tetrapak mit der Kuhmilch wurde in der MHG-Studie hervorgezogen und gut sichtbar auf die Theke geknallt. Die katholische Theke ist ein Konferenztisch in Frankfurt. Um den herum versammeln sich die Teilnehmer des synodalen Weges. Einer der vier Schwerpunkte ist das Thema »Macht und Gewaltenteilung«. In einem Vorbereitungspapier formuliert die Arbeitsgruppe klar, was bisher im Dienst-und-Demut-Schaum unterging: »Es hat sich eine Theologie der Kirche, eine Spiritualität des Gehorsams und eine Praxis des Amtes entwickelt, die diese Macht einseitig an die Weihe bindet und sie in einer Weise für sakrosankt erklärt, die sie von Kritik abschirmt, von Kontrolle abkoppelt und von Teilung abhebt.«

Es gibt Macht nun offiziell also doch. Sie wirkt nicht nur dort, wo die bösen Politologen hinschauen – im institutionellen Gefüge und in der Doktrin. Sie durchsetzt Liturgie und Symbolwelt. Die Messfeier belohnt den Zampano.

Auf dem synodalen Weg hätten die Bischöfe zeigen können, dass es ihnen ernst ist mit dem Machtverzicht. Eigentlich liegt die Kirchenleitung im Straßengraben, um im überstrapazierten Bild des Weges zu bleiben. Doch sie vollbringt das Wunder, noch vom Graben aus zu herrschen. Die Bischöfe verzichten nicht sofort auf ihre privilegierte Stellung, sie nutzen ihre Macht, um über Machtverzicht reden zu können. Die Statuten des synodalen Wegs zeigen das deutlich: Beschlüsse können nur mit doppelter Mehrheit gefasst werden. Diese besteht aus zwei Dritteln des Plenums und zwei Dritteln der DBK. Das heißt, ein gutes Drittel der Bischöfe kann blockieren, was zwei Drittel der Versammlung richtig finden. Der einfache Grundsatz »One Man, one Vote« gilt nicht. Schafe sind gleich, Hirten sind gleicher. Eine Unterschiedsverkleinerungsabsichtsbekundung hat den ZdK-Laien als Wegzehrung genügt. Sie haben dieser Satzung zugestimmt.

Kaum ist der synodale Weg beschlossen, erfahre ich am Rande einer Lesung, dass Mitarbeiterinnen der Kirche gedroht wird. Wenn sie auf einer Unterschriftenliste der kfd für Gleichberechtigung in Weiheämtern unterzeichneten, dann sei das für Beschäftigte bestimmter Bistümer ein Abmahnungsgrund, wird behauptet. Ich frage nach: Gibt es das schriftlich? Nein, nicht so richtig, erklärt mir eine Juristin, aber die Angst habe mit den Loyalitätsobliegenheiten in den Arbeitsverträgen zu tun, mit der Zustimmung zur Glaubens- und Sittenlehre. Vermutlich würde eine Abmahnung wegen einer unliebsamen Unterschrift einer gerichtlichen Prüfung nicht standhalten. Aber die Drohung ist da und sie wirkt.

Die Angst der Schäfchen verleiht den Hirten Macht. Sie fürchteten früher den Pastor nicht nur als Amtsperson, sie befürchteten auch, dass seine Erzählung vom Seelenheil wahr sein könnte, Highway to Hell inclusive.

Zwei machtstabilisierende Ängste bestehen weiter: die vor Zuschussverlust und die vor Arbeitsplatzverlust. Spalte und herrsche ist noch immer eine beliebte katholische Kulturtechnik der Mächtigen. Aus Bischofsmund hört sich das dann so an: »Maria 2.0 hat ein sinnvolles Anliegen, aber muss es denn gleich die Bestreikung des Gottesdienstes sein?« Niklas Luhmann hätte seine Freude am katholischen Code. Im Klartext steht hinter hätschelnden Muss-das-sein-Fragen ein hartes Ausrufezeichen. Es darf nicht sein! Kirchliche Verbände verstehen die Botschaft: »Wenn ihr da mitmacht, denke ich mit geballter bischöflicher Leitungsgewalt darüber nach, ob ihr noch katholisch seid und katholisches Geld bekommen solltet.« Die Drohung mit Geld und Liebesentzug spaltet Gruppen, die sich solidarisch hinter einem gemeinsamen Anliegen versammeln könnten.

Die zweite Macht ist die des Arbeitgebers. Das katholische Arbeitsrecht wurde verändert, Wiederheirat und Lebenspartnerschaft sind keine automatischen Kündigungsgründe mehr. Nach wie vor geben die Bischöfe dieses Disziplinierungsinstrument nicht aus der Hand. Die Ehe- und Sexualmoral wäre noch wirkungsloser, würde sie nicht via Arbeitsvertrag den Beschäftigten unters Plumeau geschoben. Beliebt ist der Satz: »Unser Chef sieht das nicht so eng, wenn jemand geschieden und wiederverheiratet ist.« Was als Jovialität getarnt wird, ist Willkür. Solange die privaten Lebensverhältnisse Gegenstand des Arbeitsvertrages sind, bleibt die Erpressbarkeit. Dieses Einfallstor für Machtmissbrauch steht weiter offen. Nach der Reform des Arbeitsrechts kann das Liebes- und Eheleben zum »Ärgernis« erklärt werden.

Die Kirche solle sich von ihrer »neurotischen Fixierung auf die Herzen und Betten ihrer Gläubigen« verabschieden, fordert der Kirchenrechtler Thomas Schüller in einem Beitrag für das Portal »futur2«. Eine solche Neugier dürfe auch im Arbeitsrecht keine Rolle mehr spielen. Aber zur Aussage: »Das Privatleben ist privat«, ringt sich die Bischofskonferenz nicht durch. Erst die weltliche Gerichtsbarkeit, vor allem das Chefarzturteil des Bundesarbeitsgerichts vom Februar 2019, hat den entscheidenden Dienst geleistet.

Seit zehn Jahre beobachte ich journalistisch das Kirchengeschehen, ich habe viele Bischöfe interviewt und mit ihnen auf Podien diskutiert. Bei wenigen hatte ich den Eindruck, dass sie Macht genießen können. Manche läuten Glöckchen, um in ihrem Haus das Service-Personal wie dereinst ein König bei Hofe herumzuscheuchen. Manche leiden darunter, dass sich Größen aus Politik, Kultur und Wirtschaft nicht mehr so gern mit Kirchenmännern öffentlich blicken lassen – wegen dieser »unappetitlichen Missbrauchsgeschichte, Sie wissen schon«. Einige haben sich in ihrem Leitungsgewaltbunker verschanzt. Das hohe Amt auszukosten, scheint schwierig zu sein, wenn einem nur noch der heilige Rest den Dienst-und-Demut-Schaum abkaufen will.

Kirchliche Macht und Herrschaft sind noch da, trotz schwindender gesellschaftlicher Bedeutung der Institution. Die Idee einer kirchlichen Verwaltungsgerichtsbarkeit halte ich für ehrenvoll, das wäre ein Anfang der Gewaltenteilung. Aber wichtiger ist die Veränderung im katholischen Schafskopf.

Trotzdem katholisch zu bleiben heißt für mich: Machtverhältnisse zu erkennen, zu benennen – und sich ihnen zu entziehen. Der Journalist Raoul Löbbert beschrieb in »Christ&Welt« im Februar 2019, warum seine innere Kirche in Flammen steht. Ehrlich, suchend, leise, heilsam, gerecht, tatsächlich demütig – so kennzeichnete er die Architektur dieses einsturzgefährdeten Bauwerks. Die äußere Kirche sah nie so aus, aber es bleibt auch für mich ein Antrieb, mir diese innere Kirche zu erhalten. Zu ihr haben Hierarchen keinen Zutritt, jedenfalls nicht qua Amt. Es brennt bis unters Dach, aber das Wesentliche verbrennt nicht, solange andere da sind, denen es ähnlich geht. Die innere Kirche gibt innere Unabhängigkeit, sie macht souverän. Widerspruchsgeist ist eine unterschätzte Macht.

Kein Sex, davon aber viel

Nach einer Lesung im Ruhrgebiet nimmt mich eine Frau – sie mag Mitte 70 gewesen sein – beiseite und raunt: »De ganze Problemmattick is der Sechs.« Ich muss lachen über den Sex mit weichem S; sie schaut ernst. Dann erzählt sie, was nicht nur, aber vor allem Frauen dieser Altersgruppe häufig erzählen: Als sie noch regelmäßig beichten ging, fragte der Priester sie ebenso regelmäßig nach dem sechsten Gebot. Das lautet: »Du sollst nicht ehebrechen.« Aber Geistliche wandten es problemlos auch auf Unverheiratete an: Hast du unkeusche Gedanken? Ist Selbstbefriedigung für dich ein Thema? Du hast einen Freund – wie hältst du es mit der Keuschheit vor der Ehe? Was macht ihr, wenn ihr allein seid? Als junge Ehefrau habe sie im Beichtstuhl aufzählen sollen, wie oft es den Gatten gelüste und ob sie sich ihm schon einmal verweigert habe. »Wissen Se, Männer wollen ja öfter«, sagt sie zu mir. So habe es ihr der Priester erklärt. Rechenschaft sollte sie auch über ihre Empfängnis- und Verhütungsabsichten ablegen.

Es gibt keine Statistik darüber, wie oft diese bohrenden Fragen in den 1950er-, 60er- und 70er-Jahren gestellt wurden. Sie dürften einer der Gründe für das schwindende Beichtbedürfnis sein. Die Umbenennung in »Sakrament der Versöhnung« hat daran für Gläubige mit diesen Erfahrungen nichts verändert. Wenn sie 40, 50 Jahre später davon erzählen, klingen sie unversöhnlich. Sie fragen: Wie konnte sich jemand, der auf Ehe und Sexualität verzichtet, erdreisten, Intimes zu bewerten? Warum habe ich überhaupt geantwortet? Wie eingeschüchtert, ängstlich, naiv muss ich gewesen sein? Viele hadern mehr mit sich selbst als mit der Absolutions-Institution.

Nachdem Papst Paul VI. im Juli 1968 die Enzyklika »Humanae Vitae« veröffentlicht hatte, protestierten Teilnehmerinnen des Essener Katholikentags mit Sprüchen wie »Wir reden nicht über die Pille, wir nehmen sie«. Andere persiflierten die offizielle Lehraussage und schrieben auf Transparente die Zeile »Sich beugen und zeugen«. Kritische Katholikenkreise erwarteten damals vom Papst nicht, dass er sagt: Sex zwischen zwei Menschen ist okay, solange er einvernehmlich ist. Das schien unvorstellbar. Sie demonstrierten dafür, dass katholische Ehepaare gewissenhaft über Lust, Liebe und Kinderzahl entscheiden durften. Die Erfurter Dogmatikerin Julia Knop fasst in ihrem Buch »Beziehungsweise« die Wirkung von »Humanae Vitae« pointiert zusammen: »Rasch wurde dieses Dokument zum Symbol der Modernitätsverweigerung der katholischen Kirche, an dem sich die Kluft und der innere Abschied weiter Teile des Katholizismus von der offiziellen kirchlichen Lehre festmachten.« Irgendwann war das Papstwort nicht einmal mehr Empörung wert.

Ich bin 1968 geboren, kenne den Protest nur aus Büchern und nostalgischen Erzählungen von Tagungsteilnehmern katholischer Akademien. 1980 kritisierte Barbara Engl vom bayerischen BDKJ beim Papstbesuch in München, dass die kirchliche Sexualmoral nur Verbote kenne. Die Hierarchie in Gestalt von Johannes Paul II. und Erzbischof Joseph Ratzinger zeigte sich schockiert. Bei späteren Ehrerbietungsereignissen wurden nur noch katechismuskompatible Jugendliche ans Mikrofon vorgelassen.

Von Barbara Engls Rede erfuhr ich erst später. Als wir in den 80er-Jahren mit einer Gruppe unserer Gemeinde auf den Aachener Katholikentag fuhren, trugen wir keine Transparente mit sexualmoralischen Forderungen an Päpste durch die Hallen. Es war den meisten in unserer Landjugend gleichgültig, was das Lehramt zum Thema Sexualität sagte. Wir hatten vor der Erstkommunion über das Wort »Sex« im Beichtspiegel gekichert, aber wir gehörten in der Pubertät, anders als die Generation unserer Eltern, ohnehin nicht zu den eifrigen Beichtgängern.

Wir sangen aus dem roten Songbuch der Katholischen Jungen Gemeinde, am liebsten BAP. Darin fand sich auch das Lied »Und wenn ein Mann einen Mann liebt« von André Heller. Gesungen haben wir es in der Gruppe nie, es war kein Brüller wie »Wenn et Bedde sich lohne dät«. Erst als die Bischofskonferenz das rote Buch verbot und wir hörten, das habe mit Hellers Zeile zu tun »Denn ich will, dass es alles gibt, was es gibt«, fiel uns der Lobpreis homosexueller Liebe auf. Ich fand damals das Verbot falsch, nicht das Lied.

In einem der Hits des offiziellen Gesangbuchs – »Lobe den Herren« – heißt es: »Der dich erhält, wie es dir selber gefällt.« So weit weg von Hellers Hoffnung war das nicht. In meinem Notenkoffer hatte ich immer beides dabei: eine Kopie des verbotenen Songbuchs und das »Gotteslob«.

Wir lasen statt des Katechismus lieber die Foto-Love-Stories in »Bravo«, »Mädchen« und »Popcorn«. »La Boum – die Fete« interessierte uns mehr als jedes Hochfest. Wir malten uns das »erste Mal« aus. Es sollte irgendwas mit Liebe und Treue zu tun haben, darin waren wir uns einig. Dass wahre Liebe bis zur wartet Ehe, glaubten wir nicht. Katholisch fühlten wir uns trotzdem.

Aus Freunden und Freundinnen wurden der feste Freund und die feste Freundin. Die meisten zogen zusammen, ohne Trauschein, und steuerten diese wilde Ehe, wie man in den 90ern noch sagte, nach ein paar Jahren in den heiligen Hafen des Sakraments. Wer einen kirchlichen Arbeitsvertrag unterschrieb, unterschlug vor der

Hochzeit die gemeinsame Adresse oder machte aus dem Freund flugs einen »Verlobten«. So viel katholische Konditionierung war übriggeblieben. Wir fanden das trickreich bis rebellisch. Dass auch die kleinen, fröhlichen Betrügereien das kirchliche Sexsystem stabilisierten, sahen wir nicht.

Als Schülerin und Studentin spielte ich in vielen verschiedenen Gemeinden Orgel, um mir etwas dazuzuverdienen. Mit Führerschein erweiterte sich mein Spielkreis. Ich tourte mit meinem Notenkoffer durchs dörfliche Mess-Milieu. Den Orgelschlüssel musste ich mir oft im Pfarrhaus holen. Ein Priester erwartete mich im Hochsommer stets im Bade-Tanga auf einem Liegestuhl. Ein anderer lebte, wie das Klischee es will, mit seiner Haushälterin zusammen, fuhr mit ihr in Urlaub und trauerte nach ihrem Tod wie ein Witwer. Ein Dritter beherbergte wechselnde junge Männer in seiner Wohnung.

In den Gemeinden wurde gemunkelt, gezischelt, gewitzelt. Der Pfarrer war auf den gut katholischen Dörfern eine Respektperson, aber der Zölibat sah wie eine Lachnummer aus. Solange keiner der Priester den Sexual-Moralapostel rauskehrte, galt das rheinische Stillstandsabkommen: Man muss auch gönnen können. Verzichtete der Herr Pastor auf die Hoheit über die Betten der anderen, petzte auch keiner seine Schlafzimmergeschichten.

Über Sex wurde in gut katholischen Familien kaum gesprochen. Sexualität galt als etwas Bedrohliches, vor allem für Mädchen. Davon konnte man schwanger werden. Malheurchen hieß das im Rheinland vielsagend, Unglückchen. An besonderen Tagen schimmerte etwas von der verheißungsvollen Seite der Sexualität durch. In unserer Familie wurde – brav katholisch – Namenstag gefeiert. Nach dem Abgleich der viel zu hohen Blutdruck- und Zuckerwerte verspeisten die nach Heiligen benannten Gäste Torten mit Sahne und Schweinebraten in schwerer Soße. Oft gab ich nach dem Essen Heinos »Blau, blau, blau blüht der Enzian« zum Besten. Bei der Zeile »In der dritten Hütte hab' ich sie geküsst, keiner weiß, was dann geschehen ist« lachte mein Publikum wissend.

Ich wusste als Kind nicht, was Heino meinte. Wenn Kölsch und Korn ihre bläuende Wirkung verrichtet hatten und man mich schlafend vermutete, erzählten die Erwachsenen Witze, die ich noch weniger verstand als Heinos Hüttengeschehen. Fromme Frauen, eigentlich Nichtraucherinnen, griffen zur Zigarette. Ein Hauch von Blauem Engel wehte durch den Raum, an der Wand bewachte ein Schutzengel das Weihwasserbecken. Am nächsten Tag wurden die Kleider gelüftet, man ging in die Sonntagsmesse. Die Männer lästerten über »Flintenweiber«. So etwas gehöre sich nicht für eine Frau. Ich schnappte das Wort »Nutte« auf.

Katholisch war es, von der feschen Lola zu träumen und an der Lourdes-Madonna ein Kerzchen anzuzünden. Kritische Geister sprengten damals die Fronleichnamsprozessionen dieser ganz normalen Doppelmoralistinnen und riefen »Heuchelei«.

Wie viele Katholikinnen und Katholiken an der Dorfbasis damals mit den römischen Anweisungen für eine sittsame Sexualität haderten, hat keine Statistik erfasst. Dass meine drei Beispiele aus dem Leben der rheinisch-regionalen Geistlichkeit mehr als Einzelfälle sind, lässt sich ebenso wenig statistisch untermauern. Die große Priesterstudie von Anfang der 1970er-Jahre im Auftrag der Deutschen Bischofskonferenz liefert zumindest Anhaltspunkte für die Kluft zwischen Anspruch und Wirklichkeit. Der Soziologe Gerhard Schmidtchen stellte damals vor allem bei den jüngeren Befragten den Wunsch nach Reformen fest, dazu zählt auch die Hoffnung auf eine veränderte, »weltliche Lebensart« der Priester. Das Thema Sexualität wurde als Lebensstilfrage verhandelt.

Der Wiener Theologe Paul Zulehner veröffentlichte Anfang des Jahrtausends die Studie »Priester 2000«, rund 2500 Geistliche aus Deutschland, Österreich, der Schweiz, Polen und Kroatien hatten seinen Fragebogen beantwortet. Die Deutsche Bischofskonferenz, die 1971 zu einer Totalerhebung bereit war, unterstützte diese Befragung nicht. Zulehner stellte bei vier von fünf Befragten eine hohe Zufriedenheit fest. Zur sexuellen Lage schreibt er zusammenfassend auf seiner Homepage: »Auch der Zölibat beschädigt ihre Grundstimmung nicht. Natürlich gibt es einige, die diese Lebensform nicht aushalten. Auch sind unter den befragten Priestern einige ›liiert‹. Aber diese Gruppe hatten wir größer eingeschätzt. Voyeuristische Medien wie Zölibatsgegner werden ziemlich enttäuscht sein.«

Eine 2017 erschienene Seelsorgestudie ergibt kein einheitliches Bild. Mehr als ein Viertel der befragten Priester gibt an, Probleme mit Sexualität zu haben, die Zustimmung zum Zölibat fällt vor allem Geistlichen mittleren Alters schwer. Sichtbar werden Süchte und unerfüllte Sehnsüchte. Die Deutsche Bischofskonferenz erörterte im Frühjahr desselben Jahres die »Schwierigkeiten der priesterlichen Lebensform«. Im Abschlussstatement erklärte der Vorsitzende: Die Sakramentalität des Amtes werde nicht mehr verstanden; wegen »eines verbürgerlichten Lebensstils« fehle manchen Priestern eine spirituelle und menschliche Überzeugungskraft. Das Thema Sexualität wurde in den öffentlichen Verlautbarungen ausgespart. Es wirkt wie etwas, das von außen an die Keuschen herangetragen wird, wie ein eingeredetes Problem. Auch Zulehners Wort von den »voyeuristischen Medien« legt diesen Verdacht nahe.

Wer mit offenen Augen im blühenden Gemeindeleben der 70er- und 80er-Jahre unterwegs war, konnte erkennen, dass es vielen Klerikern nicht gelang, das Versprechen sexueller Enthaltsamkeit einzuhalten. Das heißt nicht, dass alle mit dem Zölibat haderten. Eine nennenswerte Zahl geweihter Männer litt jedoch darunter und wurde vom Lehramt ignoriert. Von engelsgleichen Höhen schwärmte Papst Paul VI. 1967 in seinem Rundschreiben »Sacerdotalis caelibatus«. Die Keuschheit pries er als »Quelle der Freude«. Es liest sich wie ein Dokument der Selbsthypnose, eine Beschwörung angesichts der öffentlichen Kritik.

»Priester – Beruf ohne Zukunft?« titelte der »Spiegel« im Oktober 1971. Darin heißt es: »So wenig katholischer Geist in Schulen und Ehe mit Canones und Konkordaten zu retten war, so wenig wird vom frommen Ideal der Ehelosigkeit übrigbleiben, wenn Papst und Kurie seine Verwirklichung mit Dekreten und anderen Machtmitteln erzwingen wollen. Zwang ist schon deshalb ein untaugliches Mittel geworden, weil sich jeder Kaplan auf manchen Kardinal berufen kann, der den Zölibat ebenso ablehnt wir er.«

Der »Spiegel« sollte irren. Der Zwang blieb das Mittel der Wahl. Fürs Bischofsamt qualifizierte sich unter Johannes Paul. II, wer nie durch kritische Worte zum Dreiklang Zölibat, Sexualmoral und Reform aufgefallen war. Derart engelsgleiche Wesen machten auf Erden Kirchenkarriere.

Das priesterliche Trieblleben wurde trotz der dogmatischen Härte nicht nur von der Basis, sondern auch von oben weitgehend geduldet. Der Geistliche, der sein Versprechen nicht halten konnte, war so lange für seine Kirche kein Problem, wie er die Lehre von der besonderen Gottesnähe durch Enthaltsamkeit nicht laut infrage stellte. Wir Schäfchen dachten nicht unbedingt: Skandal! Doppelmoral! Wir staunten: Guck mal, die Kirche kann jovial, tolerant, menschlich sein. Der Hirte ist auch nur ein Mann.

Ich habe es mir in meiner Jugend wie so viele andere in dieser Illusion gemütlich gemacht. Am Christentum begeisterte mich unsere Jugendgruppe, unsere Musik, unsere Hoffnung auf eine bessere Welt. Jesus schien ein guter Typ gewesen zu sein, ein Frauenversteher, Sozialrevolutionär und Helfer in der Not, auch das glaubten wir. Dass Papst Johannes Paul II. ständig über Sex und Verhütung redete, kam mir wie Realsatire vor. Dass an unserer Klosterschule Mindest-Rocklängen vorgeschrieben waren, um die männlichen Lehrkräfte nicht zu reizen, verbuchte ich unter katholische Schrullen.

Vermutlich bin ich körperlich und seelisch einigermaßen heil durch diese Jugend im katholischen Milieu gekommen, weil ich die detailreichen Anweisungen zum korrekten Gebrauch der Geschlechtsorgane nur aus den Augenwinkeln wahrgenommen habe. Bei genauerem Hinsehen hätte ich in den ernsten Mienen der alten Frauen in der Frühmesse ebenso wie im lasziven Lachen meiner Verwandtschaft die Spuren und Verwüstungen kirchlicher Unterleibshoheit erkennen können. Es gab verbotene und erlaubte Sexualität; vielen stand die Angst ins Gesicht geschrieben, das eine nicht vom anderen unterscheiden zu können. Dass Priester unter der Sexualmoral leiden, die sie nach außen vertreten mussten, habe ich erst als Erwachsene verstanden.

Als Jugendliche glaubten wir, diese enge Welt hinter uns gelassen zu haben. Wir wollten trotz allem irgendwann in Weiß heiraten und dachten: Lass den Mann in Weiß ruhig reden.

Ignorieren und ironisieren der Sexualmoral war für mich nicht mehr möglich, als ich mich vom November 2010 an professionell mit der katholischen Kirche beschäftigte.

Das triebordnende Lehramt begegnete mir zuerst in Gestalt der »Note über die Banalisierung von Sexualität im Hinblick auf einige Textstellen aus Licht der Welt« vom 22. Dezember 2010. Darin verkündete die Glaubenskongregation, was Benedikt XVI. in dem Interviewbuch »Licht der Welt« ausdrücklich nicht verkündet hatte. Der Heilige Vater habe nicht gesagt, jeder Katholik dürfe Kondome benutzen, wie einige Medien behauptet hatten, stellte der Vatikan klar. Der Papst gestatte den Gebrauch von Kondomen ausschließlich aidsinfizierten Katholiken, die sich prostituierten.

Ich musste an das Wort »Nutte« denken. Die anständigen Männer, die es damals gezischt hatten, konnte ich nicht mehr fragen. Sie lebten 2010 nicht mehr. Vermutlich hätten sie nicht verstanden, warum einem braven Ehemann Kondome weiterhin verboten blieben. Sie hätten sich nicht vorstellen können, dass in Rom Kleriker die Dienste von Strichjungen in Anspruch nehmen und deshalb ziemlich genau wissen, was die Glaubenskongregation hier für wen regle. Sie hätten sich gefragt, ob ein Papst keine anderen Sorgen hat, ausgerechnet am Ende eines Jahres, das als Missbrauchsskandaljahr in die deutsche Kirchengeschichte eingehen sollte.

Mein erster kirchenpolitischer Leitartikel führte mich im Mai 2011 ins Milieu der »Lebensschützer«. Der Anlass: Hans Maier hatte seine Autobiografie geschrieben, das Bistum Regensburg weigerte sich, ihm einen Raum für eine Lesung zur Verfügung zu stellen. In dem Buch schildert der frühere ZdK-Präsident, wie er im November 1999 mit Joseph Ratzinger über die Schwangerenkonfliktberatung stritt. Maier befürwortete, anders als der Papst und sein Präfekt, dass die katholische Kirche im staatlichen Beratungssystem blieb, das heißt, auch Scheine ausstellt, mit denen ein Schwangerschaftsabbruch straffrei möglich ist. Man erreiche Frauen in Konfliktsituationen nicht, wenn man aus diesem System aussteige, argumentierte Maier. Er habe Joseph Ratzinger gefragt, warum der Vatikan die Fristenregelung in so vielen Ländern ohne Widerstand hinnehme, sich aber ausgerechnet zornig gegen die deutsche Beratungsregelung wende. »Da sind wir nicht involviert«, antwortete der Präfekt der Glaubenskongregation. Maier warf daraufhin dem römischen Glaubens-Statthalter vor, wie Pilatus seine Hände in Unschuld zu waschen.

Dass er diesen Vorwurf gut zehn Jahre später in seiner Autobiografie schriftlich wiederholt, muss der damalige Bischof von Regensburg, Gerhard Ludwig Müller, als Affront empfunden haben. Müller wollte 2011 nicht involviert sein in die Verbreitung solcher Gedanken. Hans Maier las vor ausverkauftem Haus in Regensburg, aber nicht auf kirchlichem Territorium.

»Ein Platz für Müller und Maier« war mein Leitartikel überschrieben. Die Verteidigung Hans Maiers trugt mir einen ersten kleinen katholischen Shitstorm ein. Beihilfe zum Mord wurde mir vorgeworfen, ich solle weg vom Posten einer Redaktionsleiterin, forderten Leserbriefschreiber, selbstverständlich mit CC in die kirchliche Hierarchie. »Sie haben nichts vom katholischen Lebensschutz verstanden«, ließ mich ein höherer Herr aus dem Bistum Regensburg aggressiv-mitleidig wissen. Das stimmt. Ich verstehe einen »Lebensschutz« nicht, der vor allem von der Kontrolle über die Frau beseelt ist. Ich verstehe einen »Lebensschutz« nicht, in dem das Kind als sichtbare Strafe dafür herhalten muss, dass sich die Frau nicht an die lehramtliche Sexualmoral gehalten hat. Ich verstehe einen »Lebensschutz« nicht, der mit Auslöschungsfantasien gegenüber schon Geborenen einhergeht. Was ich verstanden habe: Für das autoritär-katholische Lager ist das Anti-Abtreibungsbekenntnis der Gradmesser des Glaubens. In Gottes Namen marschiert man Seit' an Seit' mit Rechtspopulisten, die Schwangerschaftsabbrüche aus bevölkerungspolitischen und völkischen Gründen ablehnen.

Dieses katholische Credo ist sexuell aufgeladen. Das Weib soll büßen. Lebensschutz ist Lebenswandelbewertung. Ein uneheliches Kind galt lange als Schande für die Frau, nicht nur, aber auch in katholischen Kreisen. Der einzig legitime Ort für Sexualität war und ist nach katholischer Lehre die Ehe.

Für ein Buch über die Ehe als riskantes Sakrament schaute ich mir die Geschichte dieser Lebensform näher an. Auch da fällt die Sex- und Genitalfixierung auf. Augustinus, einer der folgenreichsten kirchlichen Denker, sah in der Sexualität die Quelle der Verderbnis, hinnehmbar war sie nur, um den Fortbestand der Menschheit zu sichern. »Eheverkehrs-Entschuldigungstheorie« nannte das die Theologin Uta Ranke-Heinemann treffend. Allein die Fortpflanzungsabsicht bringt Ordnung ins Ungeordnete. Augustinus predigte nicht nur Enthaltsamkeit außerhalb der Ehe, auch in der Ehe hätten sich die Gatten in Keuschheit zu üben, wenn die »Lebensglut zwischen Mann und Frau erloschen« sei, schrieb er in »De Bono Coniugali«. Das Eheband kann der Mensch nicht trennen.

Umstritten war dies schon im vierten Jahrhundert: Was ist, wollte ein Zeitgenosse wissen, wenn ein Mann seine ihm lästige Gattin durch Mord beseitigt, eine Strafe verbüßt und dann erneut heiratet? Augustinus ließ sich nicht auf eine Hierarchisierung der Sünden ein, betonte aber: Eine zweite Ehe, herbeigeführt von Menschenhand, sei ein Dauerzustand der Sünde, schlimmer als eine einzelne Tat. Es sei denn, diese Ehe bleibe keusch. Bis heute findet sich dieses Argumentationsmuster gegenüber wiederverheiratet Geschiedenen: Im gemeinsamen Ehebett lauert die Sünde, nicht auf dem Standesamt.

Auch das Sakrament muss genital gedacht werden. Eine aufschlussreiche mittelalterliche Kontroverse kreiste um die Frage, wann die Ehe als vollzogen gilt: Einverständnis oder Sex standen zur Wahl. Das »oder« wurde zum »und«. Papst Alexander III. erklärte im 12. Jahrhundert den Konsens für unverzichtbar, kirchenrechtlich gehört der korrekt-katholische Beischlaf zum Sakrament.

Die Ehe galt viele Jahrhunderte lang als minderwertig verglichen mit dem zölibatären Leben. Sie war eine sexuelle Bedarfs- oder Notdurftgemeinschaft. Ein Bündnis für die Schwachen. Erst mit dem Zweiten Vatikanischen Konzil wurde das Fleischliche rehabilitiert. Mehr noch: »Hingabe«, so das katholische Wort für eheliche Sexualität, wurde etwas Heiliges.

Die sexuelle Revolution ließ das Jahrhundertereignis Konzil schon wenige Jahre nach seinem Ende prüde aussehen. Das Lehramt reagierte und regulierte fortan nach Leibeskräften. In »Familiaris Consortio« baute Johannes Paul II. 1981 zum Thema Verhütung eine Drohkulisse auf: »Wenn die Ehegatten durch Empfängnisverhütung diese beiden Sinngehalte (liebende Vereinigung und Weitergabe des Lebens), die der Schöpfergott dem Wesen von Mann und Frau und der Dynamik ihrer sexuellen Vereinigung eingeschrieben hat, auseinanderreißen, liefern sie den Plan Gottes ihrer Willkür aus; sie manipulieren und erniedrigen die menschliche Sexualität – und damit sich und den Ehepartner –, weil sie ihr den Charakter der Ganzhingabe nehmen. Während die geschlechtliche Vereinigung ihrer ganzen Natur nach ein vorbehaltloses gegenseitiges Sichschenken der Gatten zum Ausdruck bringt, wird sie durch die Empfängnisverhütung zu einer objektiv widersprüchlichen Gebärde, zu einem Sich-nicht-ganz-Schenken.«

Je weniger Gläubige sich davon abschrecken ließen, desto mehr Verbindlichkeit mahnte Rom an. »Sexualisierung« wurde in offiziellen vatikanischen Dokumenten zur schlimmsten aller Verfallserscheinungen, zum Feind, wie es in den 1940er-Jahren der Bolschewismus gewesen war. Wer eine Kirchenkarriere plante, war gut beraten, dieses Feindbild wie eine Monstranz vor sich herzutragen.

Die meisten verehelichten Katholikinnen und Katholiken wissen nicht, dass sie das Lehramt mitgeheiratet haben. Sie lesen die vatikanischen Dokumente von »Casti Connubii« über »Familiaris Consortio« bis »Deus Caritas Est« nicht, zumindest zeigte dies eine von Papst Franziskus selbst in Auftrag gegebene Umfrage vor der Familiensynode 2014. Die Deutsche Bischofskonferenz meldete an den Vatikan, das Naturrecht sei nahezu unbekannt, die Lehre werde als lebensfern und verbotsfixiert wahrgenommen.

Kopulation, Kontrolle, Kirchenkarriere – auf diese drei K schnurrt meine Kurzfassung der langen katholischen Geschlechtsverkehrsregelungsgeschichte zusammen. Paare dürften eher trotz als wegen der katholischen Instruktionen ein erfülltes Sexualleben haben. Es sei denn, sie haben sich mit Haut und Haar der »Theologie des Leibes« von Johannes Paul II. verschrieben. Die Katechesen des heiliggesprochenen Papstes sind bis heute fruchtbar. Eine einträgliche Produktpalette ist aus ihnen hervorgegangen: Symposien, Aufklärungsprogramme für Schülerinnen und Schüler, Ehevorbereitungskurse, Hilfsmittel für die natürliche Familienplanung. Influencer auf analogen und digitalen Kanälen verbreiten die Botschaft: Die Kirche meint es gut mit uns! Sie will mit ihrer Moral vor Verletzungen schützen! Es geht nicht um Verbote, es geht um die Liebe im göttlichen Heilsplan!

Wer die Dokumente von Kirchenvätern, Päpsten und Präfekten am Stück liest und weiblich, homosexuell, unglücklich verheiratet oder wiederverheiratet geschieden sein sollte, spürt wenig Heil und viel Plan, wenig Liebe und viel Machtanspruch. Wer von der Norm abweicht, wird von den meisten Mitchristen geduldet, von der Lehre aber gedemütigt.

Vor allem das rechtskatholische Milieu pocht auf die Einhaltung der sexuellen Ordnung und nutzt den prekären Status der sexuell Geduldeten zur eigenen Selbststabilisierung. Spekulationen über die geschlechtliche Orientierung oder über außereheliche Affären gehören zum Denunziationsgeschäft, die eigene Rechtgläubigkeit wird mit hoher Kinderzahl, ehelich-keuschen Facebook-Küssen und ungefragter Beziehungszustandsschwärmerei unter Beweis gestellt. Gescheiterte Ehen werden diskret annulliert, die eigenen homosexuelle Kinder verschwiegen.

Papst Franziskus lässt erkennen, dass er die Biografien seiner Schäfchen nicht primär nach genitalen Sündenfällen durchforstet. Ein Heiliger Vater, der die Unterleibs-Überwachung vernachlässigt, verspielt seine Autorität im autoritär-katholischen Milieu. Das hat sich auf das Sex-Leben der anderen spezialisiert und möchte Abweichler bestraft sehen. Sexueller Missbrauch erregt autoritäre Gemüter weniger. Der Vorwurf des »Missbrauchs des Missbrauchs« liegt griffbereit, sobald vom Risikofaktor Sexualmoral die Rede ist. Zur innerkirchlichen Anzeige gebracht werden Geistliche, die sich zu einer Partnerschaft bekennen, vor allem zu einer homosexuellen. Adornos Studien zur autoritären Persönlichkeit legen den Verdacht nahe: Der Ruf nach äußerer Ordnung des Trieblebens soll den Denunzianten von der eigenen inneren Unordnung erlösen.

Welche Sexualität zwischen Erwachsenen erlaubt und welche verboten ist, haben Kirchenrecht und Kirchenlehre detailverliebt geregelt – bis in den Kopulationswinkel hinein.

Das Wissen über die Sexualität eines anderen ist Macht. Nahezu alle Machtbeziehungen, alle Intrigen und Erpressungen zumal, sind in der katholischen Kirche sexualisiert. Es lohnt sich, noch einmal durch die Brille des Philosophen Michel Foucault die katholische Sexualmoral zu betrachten. In einem Interview von 1978 beschrieb Foucault, wie Sexualität, Kontrolle und Machtanspruch zusammenhängen. Anders als viele Propheten der sexuellen Befreiung ging er nicht davon aus, dass Sexualität durch Autoritäten wie Familie oder Kirche unterdrückt würde. Die Macht bestehe nicht allein in Repression, Verbot und Verdrängung der Sexualität, sondern in der kontrollierten Ausübung.

Foucault erklärte: »Die Mutter sollte ununterbrochen über das Kind wachen, beobachten, was es tut, was sein Verhalten ist, was nachts geschieht. Der Vater überwachte die Familie... All das um den Körper des Kindes herum, um seine gefährliche Sexualität. Diese Sexualität – ich würde nicht sagen, dass sie verdrängt worden wäre – sie wurde angeheizt, um einem ganzen Netz von Machtstrukturen als Rechtfertigung zu dienen. Die europäische Familie ist buchstäblich sexualisiert worden durch die Sorge um die Sexualität.«

Das katholische Lehramt ist Mutter und Vater zugleich. Es hat mit seiner Sorge zu jener Sexualisierung beigetragen, die es beklagt. Das kirchenrechtliche Ehe-Mindestalter lag für Mädchen bei zwölf Jahren, erst 1983 wurde es auf 14 angehoben. Rechtskatholiken warnen vor der »Frühsexualisierung« durch den »Genderismus« im Schulunterricht. Für die kirchliche Tradition der Frühsexualisierung sind sie blind.

In ihrem Bestseller »Just Love«, auf Deutsch: »Verdammter Sex«, entwirft die amerikanische Theologin und Ordensfrau Margaret Farley eine nicht genitalfixierte christliche Sexualethik. Anstatt einzelne »Akte« zu bewerten, formuliert sie Normen wie Unversehrtheit der Person, Gerechtigkeit, Gegenseitigkeit und Gleichheit – für hetero- wie für homosexuelle Beziehungen.

Die Glaubenskongregation verurteilte das Buch in einer Notifikation vom März 2012 scharf. Die Verbreitung solcher Gedanken füge den Gläubigen einen schweren Schaden zu. Das Verdikt liest sich so, als habe Farley zu einem Atombombenabwurf über Rom aufgerufen. In gewisser Hinsicht hat die Ordensschwester das tatsächlich: Autonomie im Sinne von spiritueller und sexueller Selbstbestimmung sprengt das Lehrgebäude. Sie eröffnet Ermessensspielräume für Gewissensentscheidungen, die von interessierter Seite als »Anything Goes« und Relativismus denunziert werden. Gewissensbildung ist eine unerwünschte Macht.

Während kirchliche Jugendverbände wie der BDKJ mittlerweile ähnlich wie Farley argumentieren, versprechen zahlreiche Neue Geistliche Gemeinschaften die Befreiung von der Befreiung. Klare Ansagen zu erlaubter und nicht erlaubter Sexualität machen ihren Markenkern aus. Sie nehmen dem Einzelnen die Gewissensentscheidung ab. Das neue katholische wie evangelikale Missionsgewerbe zelebriert die voreheliche Keuschheit. Kein Sex – davon aber viel. Betont locker predigen Evangelisierungs-Hipster eine rigide Moral, gern via YouTube. Hey Leute, der Katholizismus ist so geil, da gehört Sex zum Sakrament! Freut euch drauf, wenn ihr verheiratet seid! Sorry Guys, Homosexualität geht! Gar! Nicht! Never! Kapiert? Bääähhhm!

Aussteigerinnen berichten von denselben bohrenden Fragen im Beichtstuhl wie sie in der Volkskirche der 50er- und 60er-Jahre allgemein üblich waren. Man braucht keine prophetische Gabe, um zu ahnen, dass in sexuell-autoritären Gemeinschaften die nächsten Opfer produziert werden.

In zehn Jahren journalistischer Auseinandersetzung mit der katholischen Kirche habe ich viele Opfer der kirchlichen Moral kennengelernt: vom Benediktiner-Pater, der mich mehrmals wimmernd anrief, weil er sich selbst so gern – wie er es nannte – »Vergnügen bereitete« – bis zur Ruhrgebietlerin mit der Sechs-Problemmattick. Ich habe mit vielen Homosexuellen gesprochen, die ihren inneren Konflikt mit demonstrativer Lehramtstreue nach außen kompensiert haben. Homophobie paart sich mit Selbsthass. Noch mehr habe ich kennengelernt, die diese Heuchelei ablehnen. Sie schweigen und leiden still. Manche zerbrechen daran.

Ich habe mir den Foucault-Blick angewöhnt, weil man mit den Augen der Leidenden schärfer sieht. Damit ist der Philosoph dem Christentum näher, als ihm selbst und vor allem den unerschütterlichen Wahrheits-Bewahrern lieb ist. Die katholische Kirche beruft sich auf den Leidenden am Kreuz. Aber die verkitschte Leidens- und Reinheitstheologie blendet aus, welche Wunden sie selbst schlägt. Die Verletzungen sind nicht trotz, sondern aus der katholischen Doktrin entstanden. Verwundbar sind vor allem jene, die diese Lehre ernst nehmen. Die Konfession, die sich der frohen Botschaft rühmt, hat viel Verachtung hervorgebracht für Homosexuelle, Frauen und andere als abweichend deklarierte Wesen. Herabwürdigungen werden mit Wahrheitsanspruch formuliert. Sie geschehen nicht aus Versehen.

Es lohnt sich, den Abtrünnigen, Abgefallenen und Abrechnenden zuzuhören. Manche schreien ihren Schmerz öffentlich heraus. Der Schriftsteller Andreas Altmann zum Beispiel veröffentlichte unter dem Titel »Das Scheißleben meines Vater, das Scheißleben meiner Mutter und meine eigene Scheißjugend« ein Altöttinger Unsittengemälde. So viel »Scheiß« an prominenter Stelle mag empfindsame Gemüter schrecken. Das Beschriebene zu ignorieren, den Zusammenhang zwischen Sexualmoral, Macht und Gewalt zu leugnen, ist jedoch brutaler. Was Altmann schreibt, passt zum »verschissenen Abhang«, von dem Kai Christian Moritz (siehe Seite 75 berichtet. Die Zeugnisse der Schwerverletzten enthalten für mich mehr Wahrheit als alle Sexualität-ist-Hingabe-Texte der Glaubenskongregation zusammen.

Aus Sicht der Reinheitsfraktion wird durch solche Zeugnisse die Madonna mit Dreck beworfen. Auch das liberale Lager weicht der Auseinandersetzung aus. Es bietet Schmerzlinderung und behauptet: Ist doch alles gar nicht so schlimm. Wenn wir die einschlägigen

Bibelstellen anders auslegen als bisher, wenn wir sie historisch-kritisch abmildern, dann tun die Schläge weniger weh, dann wird die Botschaft endlich froh. Aber ein paar theologische Reformkniffe beenden nicht die Verachtungsgeschichte. Die kirchlich Liberalen stellen sich selten der Tatsache, dass es die liberale, gegenüber Frauen und Schwulen tolerante Kirche bisher kaum gab.

Innerkirchlich war es Jahrzehnte lang fast unmöglich, frei über das Machtinstrument Sexualmoral zu sprechen. Nicht nur der frühere Bischof von Regensburg hat Kritiker des kirchlichen Raumes verwiesen. Viele Reformsehnsüchtige haben ängstlich ein offenes Wort gemieden. Der Kalender mit den Terminen abgesagter Sexualethik-Tagungen ist gut gefüllt, die Liste unveröffentlichter oder eingestampfter Publikationen lang.

Nach der MHG-Studie haben einige katholische Gruppen offene Briefe veröffentlicht. Ein »Umdenken in Fragen von Sexualität insbesondere auch von Homosexualität« fordert zum Beispiel der Verband der Religionslehrerinnen und -lehrer. Wertschätzung menschlicher, körperlicher Verfasstheit verbunden mit der Freude am Körper wünschen sie sich, dazu einen »ehrlichen Blick in die eigenen Reihen«. Vor ein paar Jahren hätte ich solche Forderungen unterschrieben. Zeitweise wäre ich damit zufrieden gewesen, dass die Kirche zu diesem Thema schweigt, anstatt sich entweder unfreiwillig komisch über »eheliche Akte« zu beugen oder schwülobsessiv wie Johannes Paul II. übers Leib-Seelische zu meditieren. Franziskus hat einen Teil dieser Doppel-Moral in »Amoris Laetitia« der katholischen Kompostierung anheimgegeben. Er traut dem Gewissen der Gläubigen mehr zu als sein Vorgänger und verzichtet auf die detaillierte Bewertung der »Akte«. Die Lehre ändert sich nicht nur dadurch, was Päpste sagen, sondern auch durch das, was sie verschweigen.

Viele Gespräche und Lektüren später glaube ich nicht, dass es genügt, die bisherige Lehre durch eine neue, »lebensnähere« zu ersetzen. Das Dokument zur Sexualmoral ist das längste der vier Vorbereitungspapiere zum synodalen Weg. Es umfass 22 Seiten. Streckenweise sind die Seiten in Spalten aufgeteilt. Links stehen die Forderungen nach Lebensnähe und Leibfreundlichkeit, rechts finden sich Sätze wie: »In der Sexualmoral der Kirche ist uns ein Schatz anvertraut, der einen Weg zu Liebe und Glück weist.« Links werden Humanwissenschaften herbeizitiert, rechts die »Theologie des Leibes« samt der schon erwähnten Produktpalette von »Du schützt, was du schätzt« bis zur natürlichen Familienplanung. Links steht die Meinung der Mehrheit der deutschen Katholikinnen und Katholiken, rechts die einer Minderheit.

Der Katholizismus wird im Bett entschieden. Der Stellungskampf geht weiter, die Verachtungsgeschichte auch.

Ich traue dieser Kirche nicht zu, dass sie bei allen um Vergebung bittet, die von ihrer übergriffigen Moral kleingehalten, verletzt und auf einen Duldungsstatus reduziert wurden. Ich bin nicht bescheiden genug, um mit der katholischen Kompostierung à la Franziskus zufrieden zu sein. Ich komme ungern am Schluss eines Kapitels mit Jesus um die Ecke wie in einer schlechten Morgenandacht, aber die Diskrepanz zwischen Testament und Reglement fällt hier besonders auf: Für Jesus ist Sexualität kaum der Rede wert. Er warnt Männer vor lüsternen Blicken auf die Ehefrau eines anderen, er mahnt die Ehebrecherin, umzukehren und fortan nicht mehr zu sündigen, er beschreibt die Ehe als Beziehung, in der Mann und Frau »ein Fleisch« werden. Dass er ein fremdes Schlafzimmer aus Kontrollzwecken betreten hat, ist nicht überliefert.

Stellungskrieger verschiedener Couleur müssen tapfer sein: Es gibt keine christliche Sexualethik, an die sich so einfach positiv anknüpfen ließe. Sexualität braucht Ethik, wie der Rest des Lebens auch, aber deren Quellen sind vielfältig. Beziehungen können liebevoll und erfüllend sein, demütigend und verletzend, und vieles dazwischen. Das Christentum gibt Hinweise darauf, wie Menschen in Würde zusammenleben können, aber es kann aufgrund seiner eigenen Lehrhistorie gerade im Hinblick auf Sexualität weder Weisheit noch Wahrheit für sich beanspruchen. Dafür zieht sich zu viel Hass auf die Abweichler durch die Kirchengeschichte. Die Goldene Regel und der Rechtsstaat dürften tragfähiger sein als das goldgesäumte päpstliche Geschlechtsreglement.

Ich habe zwei »Kinder« im Teenager-Alter. Sexualität ist für sie ein Thema, aber keines, über das sie direkt mit ihren Eltern reden wollten. Fragten sie mich nach einem kirchlichen Text – was sie nicht tun –, würde ich ihnen weder den YouCat noch die »Theologie des Leibes« zu lesen geben. Über »Amoris Laetitia« könnten wir diskutieren, das Schreiben fällt einigermaßen unpeinlich aus. Vor allem der Tochter dürfte der patriarchale Gestus nicht entgehen.

Indirekt reden wir trotzdem darüber. Sie fragen nach wahrer Liebe, wollen wissen, was die Eltern verbindet, nachdem ihre pubertäre Scharfsicht Vater und Mutter entzaubert hat. Ich habe noch nie gesagt: Wahre Liebe wartet auf die Ehe. Ich hoffe, dass sie spüren: Wahre Liebe ist absichtslos.

In der Familie wird – wie in der Kirche – Macht gern geleugnet oder hinter Witzelein versteckt, aber sie ist da. Eine unserer meist diskutierten Familienfloskeln lautet: »Tu es bitte mir zuliebe«. Ich vermute, dass unsere Gespräche über den Unterschied zwischen der Macht der Liebe und der Macht in der Liebe mehr auf das Leben vorbereiten als die Katechismuslektüre. Trotzdem bleibt es traurig, dass eine Konfession, die Liebesexpertise für sich in Anspruch nimmt, so viel Energie darauf verwendet, angeblich falsch Liebende auszusortieren.

Kurz vor Abschluss dieses Kapitels treffe ich auf einer Tagung eine kirchliche Eheberaterin, eine Theologin mit psychotherapeutischer Zusatzqualifikation. Das kirchliche Angebot sei toll, schwärmt sie. Paartherapie sei normalerweise sehr teuer, in der kirchlichen Beratung könne sie Gutes tun, ohne dass es die Paare ein Vermögen koste. Zwei Drittel ihrer Paare blieben zusammen, ein Drittel trenne sich, erzählt sie. Ob die katholische Sexualmoral irgendeine Bedeutung für ihre Beratung habe, frage ich. Sie verneint sofort. Aber der Gedanke an den Zusammenhalt in guten und in schlechten Tagen, die Erinnerung an das Trauversprechen könne helfen, wenn man daraus keinen Durchhaltebefehl ableite.

Einem Pastoralreferenten stelle ich dieselbe Frage. Auch er verneint ohne Zögern. Er sei schon 20 Jahre im Dienst, nie habe jemand von ihm sexualethischen Rat haben wollen. Er zählt auf, was seinen Alltag als Seelsorger bestimmt: Einsamkeit, Trauer, Armut, Wohnungsnot, mangelndes Selbstwertgefühl. Aber auch: Bin ich der Kommunion würdig?

Ich weiß nicht, ob es dieser Kirche gelingt, ihre Regelungsdichte der jesuanischen anzupassen. Die Ehetherapeutin und der Pastoralreferent tun sich leichter damit als ihre Dienstherren. Ich weiß nicht, ob diese Herren den Strick zwischen Selbstbeherrschung und Herrschaftsversprechen durchtrennen wollen. Ich weiß nicht, ob höchste Kleriker Doppelsexualmoral als Problem empfinden. Kein Bischof erhebt sich, wenn ein Amtsbruder in der Synodenaula Homosexualität mit Faschismus gleichsetzt und sagt: »Bruder, du sprichst über mich. Ich bin schwul.«

Es berge für Kleriker ein »erregendes Potenzial«, die katholische Sexualmoral als Wahrheit gegen den Widerstand derer zu verkünden, die sich ihr entziehen wollen, schreibt der Theologe Hans-Joachim Sander in den »Stimmen der Zeit«. Sein Urteil ist klar: »Hier wird moralische Macht unverschämt gebraucht.«

Sex ist Macht, das ist Foucaults Erkenntnis und es bleibt das katholische Bekenntnis, nicht nur der Autoritären. Auch das liberale Lager träumt davon, mit Lebensnähe kirchliche Glaubwürdigkeit und Lufthoheit im Schlafzimmer zurückgewinnen zu können.

Ich hoffe gerade deshalb darauf, dass sich die Restgläubigen dieser unverschämten Rest-Macht entziehen. Ich hoffe, dass sich die abhängig Beschäftigten trauen, den Freund Freund zu nennen, anstatt ihn zum Verlobten zu erklären. Ich hoffe, dass sich Priester selbst vom Zölibat befreien, wenn sie darunter leiden, anstatt den Job von Reformgruppen und Medien erledigen zu lassen. Ich hoffe, dass die Ruhrgebietsfrau ihre Problematik zornig aufschreibt anstatt die Deutungshoheit über die sexuelle Vergangenheit den Beschönigern zu überlassen. Trotzdem katholisch sein heißt: Mein Sex gehört mir. Um es frei nach Joseph Ratzinger zu sagen: Ihr da oben seid nicht mehr involviert.

Von Wolllust, Weibern und Wahrheit

Ende Juni 2019 bekommt Freiburg einen neuen Weihbischof. Während der Zeremonie demonstrieren vor dem Münster Vertreterinnen von Maria 2.0. Als der neue Hirte die Kathedrale verlässt, hat er ein Geschenk für die weiblichen Schafe dabei. Die Pressestelle des Erzbistums vermeldet danach stolz: »Vor dem Haupteingang segnete er die Teilnehmenden der Maria-2.0-Kundgebung und übergab ihnen einen persönlichen Brief... sowie einen symbolischen roten Gesprächsfaden.« Die Damen, wie Frauen in Situationen seelischer Erhebung gern abschätzig-wertschätzend genannt werden, brauchen viel Geduld. Statt eines roten Fadens erhalten sie gleich ein ganzes Knäuel.

Dass der frisch Geweihte bei dieser Zeremonie sein weibliches Gegenüber fragt: »Ich bin der Christian und wer bist duhu?«, ist nicht überliefert. Erwachsene Frauen dürften lange darüber nachsinnen, wann sie zuletzt ein Kennenlernspiel mit Knäuel absolviert haben. War's im Kindergarten? Oder am Anfang einer Pastoralprozesschangemanagement-Fortbildung, als alle peinlich berührt kicherten?

Die weihbischöfliche Wolllust ist gut gemeint. Demonstrierende Frauen kennt der Katholizismus nicht. Katholikinnen nehmen still und dankbar die für sie vorgesehenen Plätze ein. Die Knäuelübergabe wirkt zwar unbeholfen, sieht aber zugewandter aus als die Masche der Amtsbrüder. Weil Protestlerinnen – noch dazu in Marias Namen – nicht vorgesehen sind, übersehen die meisten Bischöfe sie angestrengt, wie Kinder, die sich die Hände vors Gesicht schlagen, wenn etwas Furcht einflösendes naht. Nur Franz-Josef Bode blickt der Gefahr regelmäßig ins Auge, während die Kollegen kneifen. Der Osnabrücker Bischof kann schon qua Sonderauftrag nicht wegschauen. Als Vorsitzender der DBK-Unterkommission »Frauen in Kirche und Gesellschaft« fallen weibliche katholische Wesen in seinen Zuständigkeitsbereich.

Soziologisch genau beschreibt Christina Behler im »Kursbuch Revolte 2020«, was sich am Rande der Herbstvollversammlung 2019 in Fulda abspielt. Dort müssen Frauen so lange trommeln und pfeifen, »bis vom angrenzenden Priesterseminar aus drei ältere Herren in schwarzen Anzügen – zwei mit Kollar-, einer mit Oratorianerkragen – auf rund 100 demonstrierenden Frauen zugehen«. Die »drei älteren Herren« sind Franz-Josef Bode, Michael Gerber aus Fulda sowie der Essener Weihbischof Ludger Schepers. Sie trauen sich unter die topfdeckelschlagenden Weiber »als Zeichen des Dialogs«, notiert Behler.

Wenn Geweihte am Rande von Weihen und Geweihtenversammlungen Knäuel austeilen und Kritik einstecken, fällt Journalisten meistens die Überschrift ein: »Bischöfe gehen auf Frauen zu«, dazu die Stichwortzeile: »Kirche und Frauen«. Anders als bei Magazintiteln wie »Wild&Hund« oder »Rute&Rolle« wirkt das »und« zwischen Kirche und Frauen mehr trennend als traut paarend. Allein die Aussicht auf ein Gespräch zwischen Weib&Hirt, Frau&Kirchenmann hat deshalb Nachrichtenwert. Nach einem Treffen zwischen dem Bischof von Fulda und Maria 2.0 teilt die episkopale Pressestelle mit: »Es war dem Bischof ein Anliegen, die Beweggründe der Frauen besser zu verstehen und mit ihnen in den Dialog zu treten. Sehnen sich protestierende Katholikinnen nach einem auf sie zugehenden Bischof? Haben Frauen es nötig, das Zuhören topfschlagend zu erbetteln? Was in Pressemitteilungen als

Dialog bezeichnet wird, ist keiner. Ein Dialog wäre ein Gespräch unter Gleichen auf neutralem Gebiet, nach Regeln, die für alle gelten, über ein Thema, auf das sich alle Beteiligten verständigen. Wenn aufständischen Frauen überhaupt etwas zuteilwird, dann ein bischöflicher Gnadenerweis mit angeschlossenem Fototermin. Erwartet wird Lob für einen Bürdenträger, der sich mit Weibern abgibt, obwohl er sie ignorieren könnte.

Aus amtskirchlicher Perspektive wickelt sich der Gesprächsfaden um die »Stellung der Frau in der Kirche«. Ein schiefes Bild, ich weiß. Aber bei diesem Thema geht ohnehin das meiste schief. Höre ich »Stellung der Frau«, muss ich an Oswalt Kolles Aufklärungsfilme aus den späten 60er-Jahren denken. Die hießen »Deine Frau, das unbekannte Wesen« und versprachen Ehepaaren die Erlösung von der Missionarsstellungs-Misere. Eine alberne Assoziation – und zugleich eine passende. Frauen sind noch immer große Unbekannte für weite Teile des Klerus. Je höher der Dienstgrad, desto fremder das Weib. Seit die MHG-Studie das Männerbündische problematisiert hat, können Bischöfe das lästige Stellungsthema nicht mehr ignorieren. Persönlich Stellung beziehen nur wenige, Feminist ist in der Bischofskonferenz keiner, man muss erst »lernen«, »zuhören« und »nachdenken«.

»Andere Wesen« wurden Weiber lange genannt, sie weichen vom normsetzenden Mann ab. Theresia Heimerl hat dem Anderswesen ein Buch gewidmet. Die Religionswissenschaftlerin und Theologin erzählt stilistisch liebevoll von Dauerdemütigung, Kontrolle und Herabsetzung. Der Andersartigkeit liegt eine ausgiebige katholische Naturrechtsprechung zugrunde. Die Frau ergänzt den Mann: Er sendet, sie empfängt; er gibt, sie gibt sich hin; sie bekommt, was er übrig lässt. Wie Rute&Rolle fügen sich Mann&Frau zueinander.

Das hört sich selbst für geübte katholische Ohren gestrig an, doch die Una Sancta ist Naturrechtschutzgebiet bis heute. Das lässt sich sogar folkloristisch attraktiv vermarkten. Im Kölner Dom, einer der meistbesuchten Kathedralen des Erdkreises, sorgen seit Kurzem auch Domschweizerinnen für Ordnung. Sie tragen den gleichen roten Umhang mit schwarzem Samtsaum wie ihre männlichen Kollegen. Begründet wird die Innovation – ein Boulevardblatt schrieb sogar von »Revolution« – mit einer kölschen Variante des Naturrechts. Der Dompropst erklärte: »Wir glauben, dass Frauen und Männer sich insgesamt in dieser Tätigkeit gut ergänzen würden, wie in den anderen Arbeitsbereichen an der hohen Domkirche: in der Sakristei, in der Schatzkammer, in der Turmbesteigung.«

Naturrecht heißt: Frauen nehmen sich nichts, sie nehmen nur an. Mit großer Geste wird ihnen gewährt, was sie nie verlangt haben. Sollte es je eine Domschweizerinnenbewegung gegeben haben, dann bewegte sie sich diskret. Verwehrt wird inmitten des Tamtams weiterhin, was Frauenbewegungen inner- und außerhalb der Kirche tatsächlich fordern: Selbstbestimmung, Gleichberechtigung, freie Wahl statt fixierter Stellung&Rolle. Giovanni Pico della Mirandola war kein Feminist, doch Ende des 15. Jahrhunderts formulierte er, was Würde unter anderem bedeutet: sich als Mensch in verschiedensten Möglichkeiten denken zu dürfen. Wer nur die Wahl hat zwischen einem Leben als Gattin oder Ordensfrau, als Mutter oder Jungfrau, lebt arm an Würde.

Jahrhundertelang befand sich die katholische Kirche mit ihrer Geschlechterordnung in bester patriarchaler Gesellschaft: Die Vorstellung von der Frau als »missratenem Mann« übernahm Kirchenlehrer Thomas von Aquin von Aristoteles. Er konnte sich die Geburt von Mädchen nur mit feuchten Südwinden zum Zeitpunkt der

Zeugung erklären. Seine damaligen Leser dürfen nicht gelacht haben, solche Gedanken waren normal, dem Zeitgeist entsprechend.

Aus den Worten und Werken Jesu lässt sich keine derartige Ungleichbehandlung von Frauen und Männern ableiten, erst recht kein Unterordnungsverhältnis. Das Lehramt konstruiert zwar eine prophetische Sendung für die Frauen und eine apostolische für die Männer, doch die eindeutigen Beweise fehlen. Es gibt keinen Jesus-Satz der Sorte: »Ich aber sage euch, ihr Frauen dürft ausschließlich ...«

Die frühen christlichen Gemeinden bieten ein widersprüchliches Bild: Paulus weist Weiber einerseits grob zurecht, andererseits lässt er freundlich Frauen in Leitungspositionen wie die »Dienerin« Phoebe grüßen. Im Galater-Brief ist er sicher: »Es gibt nicht mehr Juden und Griechen, nicht Sklaven und Freie, nicht männlich und weiblich, denn ihr alle seid einer in Christus.«

Sobald sich das Christentum organisieren musste, passte es sich dem patriarchalen Mainstream der umgebenden Gesellschaften an, überhöhte die Unterdrückung der Frau geistlich und erklärte rückwirkend die Geschlechterhierarchie zum gottgewollten Ursprungszustand. Das fiel so lange kaum unangenehm auf, wie Frauen auch in Politik, Wirtschaft und Gesellschaft nicht aus der Rolle fielen. Als sie aber ihren angestammten Platz infrage stellten, wurde auch die Männlichkeit der Rede wert.

2018 sprach ich auf einer Tagung über 100 Jahre Frauenwahlrecht in Stuttgart, eingeladen hatte der Geschichtsverein der Diözese. Nach meinem Vortrag wollte ein Historiker wissen, welches Geschlecht Kleriker früher hatten. Erst Lachen im Saal, dann Irritation. »Männlich natürlich!«, wäre die falsche Antwort. Die Männlichkeit des Klerus wurde erst im 19. Jahrhundert entdeckt. Dies hängt mit zwei Entwicklungen zusammen: Zum einen verabschiedeten sich Männer aus dem kirchlichen Alltag, die Basis wurde weiblicher. Zum anderen stellten Frauen die gott- oder naturgegebene Ordnung infrage.

Die Religionswissenschaftlerin Linda Woodhead legt in ihrem Buch »Geschlecht, Macht und religiöser Wandel in westlichen Gesellschaften« dar, dass die Kirche in den Industriegesellschaften des 19. Jahrhunderts die Männer verlor, weil sie ihnen kein Sinnangebot mehr machen konnte. Den Männern kam im »stahlharten Gehäuse« der Industriearbeit der »sakrale Baldachin« abhanden. Den Frauen offerierte die katholische Kirche einen Sinngewinn: die »heilige Familie«. Die Öffentlichkeit gehört dem Mann, das Heim der Frau.

Auch das ist keine katholische Erfindung, in der Kirche erhielt diese Ordnung aber eine höhere Weihe. Wie Maria dem Herrn im Himmel diente, so diente die katholische Gattin dem Herrn im Haus. Für die Kirche hat das Folgen: »Da die Maskulinität von Kirche und Klerus infrage gestellt wird, werden in Reaktion darauf Rufe nach ›muskulöseren Formen‹ des Christentums laut, um die Männer und Jungen zurückgewinnen zu können«, schreibt Woodhead.

Die Gegnerinnen und Gegner der Priesterinnenweihe nehmen in der aktuellen Debatte für sich in Anspruch, die Tradition auf ihrer Seite zu haben. Das stimmt nur, wenn man Tradition auf das »muskulöse« 19. Jahrhundert verengt. Blickt man auf die gesamte Geschichte, wird erkennbar: Kein »Argument« wird durchgehalten. Damit alles beim Alten bleiben konnte, muss sich vielmehr das seit 1870 waltende Lehramt beständig Neues ausdenken: Jesus war ein Mann, die Apostel waren Männer, der Priester handelt in Persona Christi – die Ausschlussbegründungen werden wie eine Litanei wiederholt, als seien sie uralte Weisheiten. Doch so alt, wie sie scheinen sollen, sind sie nicht.

Das zentrale »Argument« gegen Priesterinnen war bis ins 20. Jahrhundert nicht die Männlichkeit Jesu und der Apostel, sondern die angebliche Minderwertigkeit der Frau. Als gottebenbildlich galt der männliche Mensch.

Damit befand sich die katholische Kirche in ökumenischer Gemeinschaft. Eines der einflussreichsten Bücher zum Wesen des Weibes stammt nicht von einem Papst, sondern von einem Psychiater und evangelischen Theologen. Paul Julius Möbius dozierte 1900 »Über den physiologischen Schwachsinn des Weibes«. Er befeuerte – mutmaßlich wider Willen – die publizistische Frauenbewegung. Die Schriftstellerin Hedwig Dohm konterte 1902 mit ihrem Buch »Die Antifeministen«.

Die katholische Kirche erschuf 1870 ein neues Geschlecht: den unfehlbaren Mann. Dem Emanzipationsdruck diverser Frauenbewegungen konnte sich dieser nicht entziehen. 1950 erklärte der Papst die Aufnahme Mariens in den Himmel zum Dogma. Linda Woodhead deutet den feierlichen Akt als Aufwertung: »Damit wird auch der Rolle der sterblichen Frau neue Würde zugeschrieben.« Vorausgesetzt, sie bleibt keusch, bescheiden, mütterlich, fürsorglich und gehorsam. »Die Tugenden des Klosters werden also popularisiert und verhäuslicht«, folgert die Religionswissenschaftlerin. Wer diese Würde hat, hat keine Wahl. Die sterbliche Frau darf sich gerade wegen der Jungfrau Maria nicht in vielen verschiedenen Möglichkeiten denken.

Papst Johannes XXIII. gewährte in der Enzyklika »Pacem in Terris« 1963 der irdischen Frau ein Upgrade zum gleichwertigen Geschöpf. Das Zweite Vatikanische Konzil sagte mit »Lumen Gentium« schließlich »jeder Form einer Diskriminierung in den gesellschaftlichen und kulturellen Grundrechten der Person« den Kampf an. Jede Frau habe das Recht auf die freie Wahl des Lebensstandes sowie des Gatten, Bildung dürfe ihr nicht verwehrt werden.

Allerdings erklärt das Dokument »Gravissimum educationis«, dass in Erziehung und Bildung »der Verschiedenheit der Geschlechter gemäß der von der göttlichen Vorsehung bestimmten Zielsetzung« Rechnung zu tragen sei.

In der Theologie begann eine Diskussion darüber, was Gleichwertigkeit für kirchliche Ämter bedeutet. Die Päpstliche Bibelkommission tendierte mehrheitlich zu der Meinung, es spreche nichts gegen eine Zulassung der Frauen zu Ämtern. Doch die Glaubenskongregation entschied 1976: Es bleibt beim Nein. Die Männlichkeit Jesu und der Apostel stellt sie im Dokument »Inter Insigniores« ins Zentrum.

Nach dem Zweiten Vatikanischen Konzil wurde in Deutschland der Beruf der Pastoralreferentin geschaffen, von 1992 an durften Mädchen die Messe dienen. Am Platzanweiserverhalten von Päpsten und Präfekten gegenüber Frauen änderte sich nichts. Johannes Paul II. verfügte anno 1994, die Kirche sei nicht befugt, Priesterinnen zu weihen. Es war ein Machtwort im Ohnmachtsgestus. In der Sprache von »Wild&Hund« heißt das an die Adresse der Frauen: Platz! Sitz! Still! In Richtung der Theologie lautete der Befehl: Apportiert dem Lehramt Stöckchen, sonst setzt es was.

Frauen sind laut Lehramt gleichwertig, aber nicht gleichartig. Hätte ich einen Zeitschriftentitel zu erfinden, so wäre es: »Frau& Aber«. Johannes Paul II. meditierte ausgedehnt über den »Genius der Frau«, über die Fruchtbarkeit des Gebets und des Beckenbodens. Sein Nach-Nachfolger Franziskus singt Lobeshymnen auf Mütter. In seinen Anekdoten schmeißen sie den Laden und lassen Männer dämlich aussehen. Im apostolischen Schreiben »Amoris Laetitia« ermahnt er – einmalig in der Kirchengeschichte – die Gatten zur Mithilfe im Haushalt. An der grundsätzlichen Diskriminierung ändert er nichts.

Richtig gelesen: Diskriminierung. Dieses harte Wort passt nicht zum Versprechen des Zweiten Vatikanums, es passt erst recht nicht in die Wollknäuel-Gesprächsfaden-Welt der Gegenwart. Der DBK-Vorsitzende Reinhard Marx erklärt in einem Interview mit der »Frankfurter Allgemeinen Sonntagszeitung« im September 2019 ebenso fest wie flauschig: »Das ist entschieden, auch wenn die Diskussion nicht zu Ende ist. Wir sollten uns deshalb darauf konzentrieren, wie Frauen in der Kirche stärker mitwirken können.« Der Rivale aus Köln rühmt sich der einflussreichen Frauen in seinem engsten Führungsstab. Schon stehen jene, die sich für Gleichberechtigung zu allen Ämtern und gegen das große »Aber« einsetzen, als Menschen mit Maximalforderung da. Die bischöfliche Maximalposition dagegen verschwindet unter dem Häkeldeckchen der Diskussionsbereitschaft wie ein hässlicher Fleck auf dem Wohnzimmertisch. Freundliche Gesprächsfadenknüpfer kaschieren ihren Machtanspruch und meinen doch: Was Gleichberechtigung ist, definieren wir!

Jedem Gespräch über »Frauen und Kirche« müsste eine Klärung der Definitionshoheit vorausgehen: Wer bestimmt, mit welchem Vokabular die Wirklichkeit beschrieben wird – die Kirche oder die Welt?

Laut politikwissenschaftlicher, also weltlicher Definition bedeutet Diskriminierung: Ein gruppenbezogenes Merkmal wird genutzt, um ein Individuum zu benachteiligen oder auszuschließen. Auf die römisch-katholische Kirche übertragen heißt das: Frauen können sich weder durch Begabung noch durch Theologiestudium für den Zugang zu Weiheämtern qualifizieren. Allein das gruppenbezogene Merkmal Geschlecht schließt sie davon aus, es gibt keine Prüfung ihrer individuellen Eignung.

Oft wird reflexhaft entgegnet: Männer haben doch auch kein

Recht aufs Priesteramt! Richtig, niemand hat ein Recht auf einen bestimmten Beruf. Gleichberechtigung bedeutet, die Berufung von Frauen genauso zu prüfen wie die von Männern. Laut »Inter Insigniores« werden Frauen nicht berufen. Was sie verspüren, kann nur ein subjektives Empfinden sein. Sie sitzen weltlichen Ideen von Emanzipation auf und haben die katholische Kirche noch nicht vertieft genug verstanden.

Da ich nicht vorhabe, diesen vatikanischen Vertiefungsgrad zu erreichen, nenne ich den Zustand weiterhin Diskriminierung und nicht »auf einem guten Weg« sein. Benachteiligung, Ignoranz, Arroganz, offene und verdeckte Ressentiments gelten keineswegs nur den wenigen Frauen, die Priesterin werden möchten. Die Verachtung hat System. Sie trifft nicht alle Frauen, aber sie meint alle.

Das Wort »Diskriminierung« löst innerkirchlich zwei Abwehrreaktionen aus: Die eine besteht darin, diese objektive Benachteiligung auf die Ebene der persönlichen Empfindlichkeit zu schieben. Initiativen wie Maria 2.0 und Bücher wie der »Weiberaufstand« werden besonders lustvoll von Frauen verrissen. Diese beteuern dann: Ich werde nicht diskriminiert und das sage ich als Frau! Der Berliner Erzbischof Heiner Koch bekundete in der Sendung »Aspekte« vom 15. November 2019 Verständnis für Frauen, die sich »verletzt fühlen«. Das klingt empathisch, heißt aber: Das System ist richtig, aber mit den Weibern stimmt etwas nicht, sie sind überempfindlich. So wird ein grober Webfehler zur pastoralen Masche umgestrickt.

Gegenfrage ohne Pastoralsound: Wenn ein Mitglied einer diskriminierten Gruppe behauptet, nicht diskriminiert zu sein, ist damit die Diskriminierung widerlegt? In der Politologie, Geschichte und Soziologie gilt ein solcher Gedankengang nicht als intellektuell redliche Beweisführung, in der romtreuen Theologie schon.

Die zweite Abwehrreaktion verstrickt sich in noch mehr Widersprüche. Sie besteht darin, Diskriminierung nicht bloß zu leugnen, sondern Gleichberechtigung zu behaupten. Das geht dann so: Wir Frauen sind emanzipiert, wir nehmen den uns zugedachten Platz gern und selbstbewusst ein. Die Marienwallfahrt ist die wahre Frauenbewegung. Altötting ist die wahre Aufklärung.

Die katholische Kirchenspitze hat das Kunststück vollbracht, zentrale Begriffe der Aufklärung erst zu bekämpfen, dann zu übernehmen und sie schließlich durch den Zusatz »wahr« ins Gegenteil zu verkehren. Gleichheit heißt: gleicher Wert, gleiche Rechte. Wahre katholische Gleichheit heißt: gleicher Wert, ungleiche Rechte. Die katholische Kirche will das große G-Wort unbedingt haben, aber nicht die weitreichenden Konsequenzen tragen. Die »wahre Gleichheit« ist keine. Wahre Gleichheit kommt ohne »Aber« aus. »Männer und Frauen sind gleichberechtigt«. Punkt. Solange dieser Satz im Namen einer höheren Wahrheit relativiert wird, sollte die römisch-katholische Kirche Vokabeln wie »gleichwertig« und »gleichberechtigt« aus ihren Dokumenten streichen.

Ich habe der Debatte kein neues theologisches Argument hinzuzufügen. Ich schaue sie mir von außen an und staune, wie mit schwachen Begründungen ein stabiles Herrschaftssystem errichtet werden konnte. Ausgehend vom 19. Jahrhundert wurde ein roter Faden in die Vergangenheit gesponnen, den man erfinden musste, um ihn zu finden.

In einem der wichtigsten Dokumente zum Thema, in »Inter Insigniores«, stehen Sätze wie: »Gewiss, diese Feststellungen bieten keine unmittelbare Evidenz. Man sollte sich darüber aber nicht wundern, denn die Fragen, die sich aus dem Worte Gottes ergeben, übersteigen die Evidenz.«

Man solle sich nicht wundern... Ich wundere mich gerade deshalb. In welcher wissenschaftlichen Kontroverse würde ein Diskutant ernst genommen, wenn er sagte: Die Behauptung ist nicht zu belegen, aber gerade das beweist die Richtigkeit der Behauptung?

Die Argumente des Lehramtes sind, vorsichtig formuliert, angreifbar. Jesus hat niemanden zu Priestern geweiht, keine Frauen, aber auch keine Männer – und das, obwohl oder weil er diese Berufsgruppe aus dem Judentum kannte. Es ist kühn, zu verkünden, dass Jesus Ämter gewollt hat; verwegen ist die These, Jesus habe Ämter nur für ein bestimmtes Geschlecht gewollt. Jesus sprach von Nachfolge, nicht von Amt. Laut Lukas 14,33 legte er Wert auf Besitzlosigkeit und einfachen Lebensstil. Eigentumsverzicht scheint wichtiger als männliche oder weibliche Eigenart. Papst Franziskus empfindet Schmerz, wenn er Priester in teuren Autos sieht, insofern hat er sich diese Passage des Lukasevangeliums zu Herzen genommen. Das Priesterinnenverbot hat in Rom einen nahezu dogmatischen Rang; das Gebot, einfach zu leben, fällt in die Kategorie »freundliche Empfehlung«. So geht Relativismus.

Deutlich schlichter als der durchschnittliche klerikale Lebensstil fällt die Stringenz lehramtlicher Texte aus. Laut »Inter Insigniores« und »Ordinatio Sacerdotalis« handelt der Priester in persona Christi. Die Glaubenskongregation zitiert den oben erwähnten Galaterbrief, und schließt unbeeindruckt an: »Nichtsdestoweniger ist die Menschwerdung des Wortes in der Form des männlichen Geschlechtes erfolgt. Dies ist natürlich eine Tatsachenfrage; doch ist diese Tatsache, ohne dass sie im geringsten eine vermeintliche natürliche Überordnung des Mannes über die Frau beinhaltet, unlösbar mit der Heilsökonomie verbunden: sie steht in der Tat im Einklang mit dem Gesamtplan Gottes, wie er selbst ihn geoffenbart hat und dessen Mittelpunkt das Geheimnis des Bundes ist.« Später heißt es zum Thema Offenbarung: »Durch diese Sprache der

Schrift, die ganz von Symbolen durchdrungen ist und den Mann und die Frau in ihrer tiefen Identität zum Ausdruck bringt und erfasst, wird uns das Geheimnis Gottes und Christi geoffenbart, ein Geheimnis, das in sich unergründlich ist.«

Eine Evidenz, die alle Evidenz übersteigt, eine Männlichkeit, die unergründlich tief ist – man versteht unmittelbar, warum die Glaubenskongregation nicht Plausibilitätskongregation heißt. Wann immer eine argumentative Blöße aufscheint, wird sie mit dem Geheimnis des Glaubens bedeckt. Wer Nacktheit nackt nennt, muss fürchten, ohne Lehrerlaubnis dazustehen, erst recht nach dem päpstlichen Debattenverbot »Ordinatio Sacerdotalis«.

Für den Ausschluss von Frauen führte Johannes Paul II. am Pfingsttag 1994 keine neuen Argumente ins Feld. Neu ist jedoch, welchen Rang er dem Ausschluss vom Amt zuweist. In seinem Buch »Dogma im Wandel« beschreibt der Theologe Michael Seewald, wie ein allenfalls sekundäres Glaubensgut – eine Ämterregelung – zu einem primären aufsteigt. Wer das nicht glaubt, ist nicht römisch-katholisch.

Ich glaube das nicht.

Im Mai 2018 schiebt der Präfekt der Glaubenskongregation, Kardinal Luis Ladaria, eine weitere Innovation nach. Im »Osservatore Romano« schreibt er »Zu den Zweifeln über den definitiven Charakter der Lehre von Ordinatio Sacerdotalis«: »Der Priester handelt in der Person Christi, des Bräutigams der Kirche, und sein Mann-Sein ist ein unentbehrlicher Aspekt dieser sakramentalen Repräsentanz.«

Christus wird immer männlicher, das entsprechende Recht immer göttlicher. Männlichkeit war bis dato EIN Merkmal von mehreren, durch Ladarias Artikel wird es qua Vorsehung zum »unentbehrlichen Aspekt sakramentaler Repräsentanz«. Der Theologe

Karl-Heinz Menke steigt schließlich noch eine Etage höher. Gott habe sich bewusst dagegen entschieden, in Gestalt einer Tochter Mensch zu werden, sagte er dem Kölner »Domradio«. »Natürlich kann man darüber spekulieren, ob Gott, wenn er gewollt hätte, nicht auch als Frau hätte Mensch werden können. Aber angesichts der Bedeutung der Geschlechterdifferenz für die Beschreibung des Verhältnisses Gottes zum Menschen ist eine solche Hinterfragung des Faktischen ein Zeichen für den Verlust des sakramentalen zugunsten des funktionalen Denkens.«

Gott ist also Mann geworden. Noch wichtiger: Er ist nicht Frau geworden. Begründet wird dieser Hormonschub nicht. Männer sind gleichwertig, aber nicht gleichartig. Ihre Eigenart ist noch geheimnisvoller als die des ihn ergänzenden Wesens. Selbst ein theologisch versierter Bischof wie der Essener Franz-Josef Overbeck muss angesichts der höchstinstanzlichen Maskulinitäts- und Muskeloffensive passen. Dass die Weihefähigkeit an einem Y-Chromosom festgemacht werde, stimme ihn nachdenklich, sagte er der »Bild«-Zeitung.

Gemäß der über alle Zweifel erhabenen Definition des unfehlbaren Lehramtes bin ich nicht römisch-katholisch, die Mehrheit der Katholikinnen und Katholiken in Deutschland allerdings auch nicht. Laut zahlreicher Umfragen hält sie das für geboten, was Päpste und Präfekten mit steigender Verbindlichkeit verboten haben. Wahrheit könne nicht mit Mehrheit entschieden werden, lautet die römische Selbstimmunisierungsformel.

»Rom« hat sich bisher von theologischen Argumenten nicht umstimmen lassen. Nichts deutet darauf hin, dass die Kontroverse in Zukunft durch intellektuelle Überzeugungskraft entschieden wird.

Wer sich in diese Debatte – die es seit 1994 nicht mehr geben dürfte – begibt, merkt schnell: Mit Theologie kommt man ihr nicht bei, Psychologie könnte helfen. Von einem mittlerweile verstorbenen Bischof ist das Zitat überliefert: Eher lernen Schweine fliegen, als dass Frauen geweiht werden. Mindestens so verhaltensauffällig wie ein solcher Spruch ist die Tatsache, dass Widerspruch ausblieb. Eine demonstrativ römisch-katholische Bloggerin belehrte mich gleich nach Erscheinen des »Weiberaufstands«: Frauen könnten Kinder kriegen, Männer Priester werden. Ich sah zunächst keinen Zusammenhang. An Gebär- und Penisneid hatte ich bis dato nicht gedacht.

Die Frau als Unreine, Verführerin, Hexe, Hure, Hysterische – diese Klischees finden sich zwar in neueren lehramtlichen Texten nicht mehr, aber sie wirken noch. Frauen im kirchlichen Dienst erleben sie ständig. Verheiratete Pastoralreferentinnen der ersten Generation können davon erzählen, dass Priester sie wegen einer Schwangerschaft aus dem Dienst verbannten. Begründung: Der Gemeinde sei ein solcher Anblick nicht zuzumuten. Der Sex eines Ehepaares mag katholisch korrekt gewesen sein, sehen soll die Gemeinde das Ergebnis nicht, schon gar nicht in der Liturgie. Ein Priester mittleren Alters berichtete mir, als Kaplan habe er noch den Rat bekommen: Wenn du mit einer Frau im Raum bist, achte darauf, dass stets ein Möbelstück zwischen euch steht.

Das ist lange her, aber unvergessen. Ein immer noch beliebtes Fotomotiv zum Thema Zölibat stammt aus der Datenbank der katholischen Nachrichtenagentur KNA. Im Vordergrund steht ein Priester im Messgewand, im Hintergrund lauert – leicht verschwommen – die Frau. Das Weib schreckt in seiner Wollust offensichtlich weder vor dem geweihten Mann noch vor dem sakralen Raum zurück.

Wenn sich das Ergebnis nicht ändert, wenn das Nein bleibt, bleibt auch die Frauenverachtung. Sie wird zwar nach außen nicht mehr gutgeheißen, aber nach innen toleriert, vor allem in Priesterkreisen. Mehr Frauen in Führungspositionen verändern die Atmosphäre, diese Quote ersetzt jedoch nicht eine Änderung der lehramtlichen Position. **Pragmatismus kann nicht das doktrinäre Knäuel entwirren.**

Für eine Selbstkorrektur benötigt das Lehramt Souveränität. Macht reicht nicht. Souverän wäre, wenn Mutter Kirche und Heiliger Vater den Irrtum eingestehen könnten. Doch solche Souveränität gilt als Gefahr für die Autorität.

In meinen Lesungen stelle ich, bevor es heiterer wird, die Position des Lehramtes dar. »Wozu muss ich das wissen?«, fragen Zuhörerinnen oft. »Was habe ich mit dem Papst und den Bischöfen zu tun?« Dann erzählen sie von ihrer Nische. Darin fühlen sie sich frei, selbstbestimmt. Sie warten nicht auf eine römische Autokorrektur.

Das Lob der Nische gehört zur katholischen Konditionierung. Auch hier wird – wie beim Thema Quote – eine falsche Alternative aufgemacht: entweder Freiheit im Kleinen oder Freiheitskampf auf großer Bühne. Notwendig ist beides. Nischenbewohnerinnen und Streiterinnen sollten sich nicht gegeneinander aufhetzen lassen. Viele Frauen haben sich nach demütigenden Erfahrungen mit Klerikern in einen Schutzraum zurückgezogen. Sie haben den Eindruck, ein Einzelfall zu sein. Doch mit dem herrschaftlichen Gebäude stimmt etwas nicht, vom Keller bis zum Überbau. Männer weisen Frauen ihren Platz zu, Männer legen den Bewegungsradius fest, Männer beanspruchen die Definitionshoheit über weibliche Identität und über den Identitäts-Dialog. Deshalb gibt es Millionen solcher »Einzelfälle«. Wenn ich Dokumente und Fundamente kenne, bin ich weniger allein.

Linda Woodhead wundert sich in ihrem Buch darüber, dass es

Katholikinnen so lange in der Kirche aushalten. Sie erklärt sich die Schafsgeduld unter anderem mit der Nische der Spiritualität. Gerade Frauen weichen dorthin aus. Nichts gegen gestaltete Mitten, handgestrickte Socken und Achtsamkeitsübungen im Geiste einer Hildegard von Bingen, doch auch hier stimmt die Alternative nicht. Geistliche Übungen sind das eine, eine geistige Auseinandersetzung mit dem Herrschaftssystem Kirche ist das andere. Notwendig ist beides.

Joseph Ratzinger warnte als Präfekt der Glaubenskongregation in einem Schreiben von 2004 Frauen vor einer bestimmten »Haltung des Protestes«. Wenn die Unterdrückung durch den Mann zu stark akzentuiert werde, mache sich die Frau, »um wirklich Frau zu sein, zum Gegner des Mannes.«. Er befürchtet: »Auf die Missbräuche der Macht antwortet sie mit einer Strategie des Strebens nach Macht.«

Ratzinger kennt seine Katholikinnen gut. Sie schrecken nicht nur vor der Macht selbst, sondern schon vor der Frage danach zurück. Ein braves katholisches Mädchen erträgt nur schwer, wenn der Herr Pastor ihm böse ist. Professorinnen verwandeln sich in Kommunionkinder, sobald ein Kardinal den Raum betritt. Eine der meistgestellten Fragen aus dem katholischen Innercircle zum »Weiberaufstand« lautet: Darf die das überhaupt?

Die Benediktinerin Philippa Rath, eine wichtige Stimme, gibt in einem Interview mit der Zeitschrift »Frau&Mutter« zu bedenken: »Wenn wir ehrlich sind, müssen wir zugeben, dass wir die systemische Benachteiligung von Frauen über Jahrhunderte hinweg so verinnerlicht haben, dass wir uns zunächst einmal selbst aus alten Denkmustern und Verhaltensweisen befreien müssen.« Manche Katholikinnen verhielten sich »devot und unreif«, wenn ein Priester oder ein Bischof in ihrer Nähe ist.

Die Magd des Herrn hat noch nicht ausgedient. Während vom Willen Gottes und Willen Jesu ständig die Rede ist, macht die Kombination Wille&Maria erst langsam Karriere. Die feministische Theologie und nun Maria 2.0 haben das machtkritische Potenzial des Magnificat entdeckt. »Er stürzt die Mächtigen vom Thron. Der Machtdiskurs steht erst am Anfang: Zulassungsfragen sind Machtfragen. Türsteherposten sind Machtposten. Ein Nein zaubert dem Security-Man am Eingang der Diskothek mehr Genugtuung ins Gesicht als ein mariengleiches Ja.

Die Türsteher bleiben auf Posten: 2016 hat auf Geheiß des Papstes eine Diakonninnenmöglichkeitskommission ihre Arbeit aufgenommen, zu einem Ergebnis kam sie nach mehreren Jahren nicht. Die Amazonas-Synode im Oktober 2019 erneuerte den Arbeitsauftrag. Die in Rom versammelten Bischöfe konnten sich nicht einmal dazu durchringen, Frauen ein Stimmrecht zu geben.

Frauen werden behandelt wie gerade entdeckte, mutmaßlich gefährliche Wesen, wie Zeitgeistgespenster, die so schnell wieder verschwinden wie sie 1968 aufgetaucht sind.

Jahrelange, knallharte Recherchen haben mich zu drei Erkenntnissen geführt: 1. Es gibt Frauen schon so lange wie Männer. 2. Es gibt so viele Frauen wie Männer. 3. Es gibt Frauen schon länger als Bischöfe.

Bisher hat diese Thesen nicht einmal ein lehramtstreuer, von Rudolf Voderholzer persönlich empfohlener Theologie wie Josef Kreiml in seinem Buch »Die Rolle der Frau in der Kirche« widerlegt. Man kann gesichert behaupten: Es gab genug Zeit, um Frauen kennenzulernen, ihnen zuzuhören und über sie nachzudenken.

Trotzdem katholisch zu sein bedeutet für mich, so lange weiter zu fragen, bis hinter den fadenscheinigen Begründungen die wahren Gründe für die Ablehnung sichtbar werden. Ich bin keine Psychologin, aber meine bisherige Suche legt eine Arbeitshypothese nahe: Jesus, sein Wille und seine Wahl sind nur Chiffren. Dahinter stehen diffuse Ängste vor weiblicher Sexualität, vor Veränderung und vor Machtverlust. »Jesus wollte nicht«, »Gott will nicht« – die ehrliche Version wäre: »Ich will nicht«.

Auf einer Theologinnentagung erzählte eine Coaching-Expertin von einem Experiment, mit dem Frauen die Angst vor Spinnen abgewöhnt wird. Eine Spinne sitzt im Glas, der Deckel ist fest zugeschraubt. Die Frauen betrachten die Spinne aus sicherem Abstand. Der Deckel wird geöffnet, die Teilnehmerinnen können die Spinne berühren, vielleicht lassen sie das Tier über den Arm krabbeln.

In der aktuellen Situation brauchen nicht die Frauen ein Coaching, sondern die beschlussfassenden Kleriker. Das Weib ist die Spinne im Glas. Geweihte Männer schauen sie an. Man weiß nicht, was passiert, wenn der Deckel geöffnet wird. Deshalb bleibt das Glas verschlossen. Ein paar Männer denken darüber nach, ob Spinnen ungefährlich sein könnten. Andere sind sich sicher: Sobald sich das Glas öffnet, ist das Ende nah. Auf Katholisch klingen die präventiv ausgestoßenen Schreckensschreie so: Spaltung! Die evangelische Kirche hat Pfarrerinnen und die Kirchenbänke sind noch leerer! Die Weltkirche! Es gibt wichtigere Themen!

Die Angst vor Frauen raubt den Verstand. Ich hätte da ein paar logikgetriebene Rückfragen: Die Gleichberechtigung von Frauen ist laut Lehramt würdig und recht. Frauen haben einen eigenen Wert, Sie müssen ihn nicht erst verdienen, indem sie die Kirchenbänke zu füllen. Wären volle Kirchen und niedrige Austrittszahlen das Maß für die Weihewürde, dann müsste der deutsche Episkopat geschlossen zurücktreten. Ist das gemeint, wenn die evangelische Kirche als Schreckbild herhalten muss?

In vielen Ländern der Welt werden Frauen unterdrückt. Wenn

wahr ist, was in den eigenen Dokumenten steht und Frauen gleichwürdig sind, dann müsste die Leitung dieser global agierenden Institution daran etwas ändern wollen. Stattdessen nutzt sie das Unrecht, um den kirchenrechtlichen Status quo zu rechtfertigen. Sie passt sich dem patriarchalen Zeitgeist an. Wahrheit scheint doch Mehrheit zu sein. Wenn die meisten Länder frauenfeindlich sind, darf der Vatikan es auch sein. Ist das gemeint, wenn die »Weltkirche« herbeizitiert wird?

Zum Thema des synodalen Wegs wurden Frauen erst auf den letzten Metern. Dass Gleichberechtigung als Maximalforderung auf der Strecke bleibt, ist absehbar. Frauen sollen sich hinten anstellen. Ist das gemeint, wenn wichtigere Themen angemahnt werden?

Die Schriftstellerin Hedwig Dohm warf im Kampf um das Frauenwahlrecht ihren »Schwestern« vor, viel zu brav zu sein. Anstatt dankbar jedes Fortschrittchen zu beklatschen, sollten sie zornig bleiben, solange ihnen ein selbstverständliches Recht vorenthalten wird, rät sie.

Schwestern-Solidarität ist nicht zu erwarten. Die Frage, ob weibliche Wesen sich hinter einem gemeinsamen Anliegen versammeln, ist so alt wie die Frauenbewegung. Vielen Katholikinnen ist Gleichberechtigung kein Anliegen, manche beziehen ausdrücklich dagegen Stellung und erklären es zur Gleichmacherei. Man müsse auch diesen Frauen zuhören, sagen Bischöfe. Das sei ihnen unbenommen, aber sie sollten beim beidohrigen Hören nicht die Asymmetrie übersehen: Die Gruppe, die an den bestehenden Verhältnissen festhält, verbaut den anderen eine Möglichkeit. Diejenige, die den Zugang zu allen Ämtern unabhängig vom Geschlecht eröffnet, erweitert die Möglichkeiten, ohne der anderen etwas wegzunehmen. Wer fürs Hochamtsgefühl einen Mann am Altar braucht, wird ihn auch weiterhin finden.

Teile und herrsche ist ein erprobtes Prinzip, um Solidarität in der »Frauenfrage« gar nicht erst aufkommen zu lassen. Geld spaltet. Als die Katholische Frauengemeinschaft Deutschlands 1999 Ämter forderte, drohte der Vorsitzende der Bischofskonferenz, Karl Lehmann, der Verband dürfe sich nicht mehr katholisch nennen. Will heißen: Er bekommt kein katholisches Geld mehr. Die kfd fügte sich und ließ im Papier eine Lücke. 20 Jahre später sympathisieren Teile des Frauenverbands mit Maria 2.0, manche distanzieren sich aus Angst vor Strafe öffentlich. Ein breites Bündnis von »Wir sind Kirche« bis zum ZdK, von Frauen und Männern, von säkularen und kirchlichen Feministinnen bildet sich nicht.

Für Simone de Beauvoir lautet die Frauenfrage: Was ist eine Frau? Die katholische Antwort ist: Das, was das unfehlbare Lehramt als Frau definiert. Die neue Frauenfrage lautet anders: Wie hältst du es als Frau in dieser Kirche aus? Die Antwort ist schwierig, gerade weil »Trotzdem« keine billige Durchhalteparole sein soll. Ich bleibe zornig und nehme es sportlich. Ich suche die Konfrontation, die Analyse, die Schärfe. Dann wird sichtbar: Die entscheidenden Herren wollen nicht, ganz gleich, ob sie den Damen Stahl- oder Flauschwolle vorbeibringen.

Immerhin: Auch Männer haken sich beim Weiberaufstand unter, einige Josefs schließen sich Maria 2.0. an. Immer mehr entziehen sich den Platzanweisern und ziehen offenen Protest der inneren Emigration vor. Auch ein paar Priester protestieren, Bernd Mönkebüscher, Burkhard Hose und Stefan Jürgens sogar in Buchform.

Die frommen Frauen meiner Familie hätten niemals gewagt, ein kritisches Wort über ihre Kirche zu sagen. Sie glaubten, in demütig gebückter Haltung durchs Leben gehen zu müssen, weil das Dasein als weibliches Wesen per se sündhaft war. Weiblich zu sein bedeutete, schuldig zu sein. Priester, die Kinder, Jugendliche und Ordensfrauen sexuell missbrauchten, hatten hingegen kaum etwas zu befürchten.

Ich möchte die MHG-Studie nicht instrumentalisieren, um den Forderungen nach Gleichberechtigung mehr Brisanz zu geben. Das entwertet die Anliegen von Betroffenen und die Forderung nach Gleichberechtigung. Frauen sind weder Missbrauchspräventionsgeschöpfe noch Machtpanzerknackerinnen. Voneinander lösen lassen sich die Themen nicht, weil die MHG-Studie etwas ausgelöst hat: Viele ältere Katholikinnen demonstrieren zum ersten Mal in ihrem Leben, auch deswegen, weil sie ihre stille Treue bereuen. Ich hoffe, meine Oma wäre heute eine von ihnen.

Die römisch-katholische Kirche ignoriert Begabungen, verachtet Wissen und verbietet sich Visionen. Sie hat sich an Frauen versündigt und versündigt sich weiter. Diskriminierung ist ihr harter, aber hohler Markenkern. Es ist hoffentlich nicht der Kern des Christentums.

Wer braucht diese harte, hohle Kirche? Jungs, die unter sich bleiben wollen; Verunsicherte, die sich an eine natur- und gottgegebene Ordnung klammern. Ängstliche, die den Schmutz der Welt und das unreine Weib fürchten.

Millionen Menschen in eben dieser Welt könnten etwas Anderes gut gebrauchen: eine Stimme, die solche Ordnungen erschüttert und mit Würde und Wert ernst macht. Die Kirche der Wolllust ist ein böser Witz.

Mein Wille geschehe.
Katholische Streitkultur

Die erbärmliche katholische Streitkultur kommt als Erbarmen auf Redaktionsstuben hernieder. In der Publikumspost liest sich das so: »Schon wieder haben Sie in Ihrem Kommentar die katholische Kirche auf dem Altar des Zeitgeistes geopfert. Und das auch noch am Sonntagmorgen! Ich bete für Sie!«

Ich beantworte jede Hörermail, wenn sie ohne Wörter wie »Schlampe, Hure und Islamistenbraut« auskommt. Eine Weile habe ich versucht, besorgt betenden Katholikinnen und Katholiken das Wesen eines Kommentars darzulegen: Religionsjournalismus sei keine Verkündigung, auch nicht am Sonntag; dem Kommentar um 6.05 Uhr folge zwar eine Sendung mit geistlicher Musik, aber er sei nicht das Präludium einer Bachkantate. Oft entspann sich daraus ein Mailwechsel, in dessen Verlauf mir die Zahl der Kinder und Enkel mitgeteilt wurde, kombiniert mit den Verben »geschenkt« und »gesegnet«, verbunden mit der Mutmaßung, eine Journalistin könne nur aus Fruchtbarkeitsfrust so kritisch mit der Kirche sein. Wenn ich nach mehrmaligem Hin und Her nicht mehr antwortete, monierte das Gegenüber die Faulheit gebührenfinanzierter »Redakteurinnen«, in Anführungszeichen. Korrespondierte ich ausdauernd, endete der Schriftverkehr mit dem Vorwurf: »Sie, Frau Doktor, mögen Zeit haben, Mails zu schreiben, ich muss jetzt meine kranke Mutter pflegen.

Ein digitales Gespräch kam trotz des hohen Wortaufkommens nicht zustande. Wir sendeten auf verschiedenen Frequenzen, falls das bei E-Mails möglich sein sollte. Mittlerweile beschränken sich meine Antworten auf drei Worte: »Ich bete zurück!« Danach ist Ruhe im Postfach.

Gebetssimulation mag ein Frevel sein, ich sehe darin eine friedlich-ironische Reaktion auf die aggressiv gefalteten Hände meines Gegenübers. »Ich bete für Sie!« meint: Ich besitze die Wahrheit, und ich habe die Möglichkeit, Ihnen diese Wahrheit aufzuzwingen. Gott hört auf mich mehr als auf Sie! Mein Wille geschehe!

Ein Gespräch könnte entstehen, wenn in der Publikumspost stünde: Ich widerspreche Ihnen, Sie irren sich, Sie haben übersehen, dass... Stattdessen folgt die Drohung mit den Draht nach oben, gern inszeniert als Notwehr gegen einen als übermächtig empfundenen medialen Mainstream. Die Stimme des Herrn wird gegen die angebliche anti-katholische Stimmungsmache in Stellung gebracht. Man ist sicher: Wenn Gott ein Radio hätte, er würde den Knopf abstellen.

Das kleine Beispiel aus dem Redaktionsalltag zeigt, warum Diskussionen innerhalb der katholischen Kirche und über sie schwierig sind: Die Frequenz des Göttlichen, Unverfügbaren, nicht Recherchierbaren bietet sich immer als Ausweichmöglichkeit an. Wer eine Debatte sät, kann ein Gebet ernten. Wer nach Begründungen fragt, bekommt Behauptungen. Diskurs ist – anders als für eine Demokratie – für die katholische Kirche nicht lebenswichtig. Er wird eventuell von oben innerhalb gewisser Grenzen gewährt. Der Papst muss Freimut ausdrücklich erlauben, manchmal sogar befehlen, und selbst dann zieht nicht jeder mit.

Freies Denken und offene Worte gelten in der katholischen Kirche auch 2020 noch als Zeichen von Mut. Bernd Mönkebüscher, Pfarrer aus Hamm, outete sich zunächst gegenüber seiner Gemeinde, dann in seinem Buch »Unverschämt katholisch sein«

als homosexuell. Er dürfte nicht der einzige Priester sein mit dieser sexuellen Orientierung, er bleibt jedoch der einzige, der sich traut. Kritik an Lehre und Praxis könnte Konsequenzen haben – für den Kritiker, nicht für die Institution. Das Spitzelsystem der Besserglauber und Intensivbeter wirkt weiter, ganz gleich, ob Denunzianten dankbare Abnehmer finden oder nicht. Der Glaube daran, dass die Anzeige wirkt, ist noch da. Journalistinnen und Journalisten sind überrascht, wenn sie zum ersten Mal in kirchlichen Einrichtungen recherchieren. Ihre Gesprächspartner wollen sich meistens nur anonym äußern. Routinierte Kirchenberichterstatter wissen: Der Laden ist eben so. Eine Kirche der Angst.

Gemessen an den Strafen der Heiligen Inquisition sieht der heutige Umgang mit Kritikern wie ein zivilisatorischer Fortschritt aus. Kirchliche Mitarbeiterinnen und Mitarbeiter schlucken kritische Bemerkungen runter, gehen zum Betriebsyoga und werden weiter nach TVÖD bezahlt. Streckbank und Scheiterhaufen schmerzten mehr. So geht die zynisch-resignative Lesart. Die Kirchengeschichte lässt sich jedoch auch anders betrachten: als eine Geschichte des Streits, der Diskussionen, der Ambivalenzen.

Ausgerechnet Traditionalisten gehen recht locker mit diesem historischen Erbe um. Sie sehen darüber hinweg, dass die Kontroverse das Christentum lebendig hielt, nicht die dogmatische Setzung. Auf Podien warten Vertreterinnen und Vertreter dieser Richtung unter Berufung auf die Tradition mit originellen Geschichtskenntnissen auf: Der Zölibat sei Offenbarungswissen, Jesus habe Priester geweiht und der Menschheit die Ehe gestiftet. Im Namen dieser Wahrheit erscheint die Frage: »Stimmt das?« vernachlässigbar. Glaubensgewissheit ersetzt Wissen.

Obwohl die katholische Kirche 2000 Jahre des Streitens, Argumentierens und Ringens hinter sich hat, müssen nach den autoritären Pontifikaten der jüngeren Kirchengeschichte Diskussionsgelüste besser begründet werden als Donnerworte. Dem Diözesanjugendseelsorger des Erzbistums Köln fiel in einer Kontroverse mit dem Jugendverband BDKJ ein genialer Satz ein: »Es gibt eben Themen – auch im kirchlichen Leben – über die kann man zwar sprechen, aber sie sind deshalb nicht Verhandlungsmasse.« Gesprächsprozesse dauern lange, weil dem Kirchenvolk schonend beigebracht werden muss, dass es nichts zu verhandeln gibt, jedenfalls nichts, was von Interesse wäre.

Eine innerkatholische Debatte ist keine Debatte unter Gleichen. Der synodale Weg ist da nicht anders. Wenn gleiche Augenhöhe ausdauernd behauptet werden muss, fehlt sie. Die Bischöfe haben die Bedingungen diktiert, die Laien haben dieser Satzung zugestimmt mit der Begründung, es gebe keine Alternative.

Ich sehe den synodalen Weg aus verschiedenen Gründen kritisch, aber ich bekämpfe ihn nicht. Ich mache mich nicht gemein mit jenen, die Streit mit Krieg gleichsetzen und im Anders- oder Überhauptdenkenden einen Feind sehen. Katholische Auseinandersetzungen sind vergiftet von Feindbildern, Vernichtungs- und Vertreibungsfantasien. Sätze wie »Das ist nicht mehr katholisch« oder »Du bist nicht mehr katholisch« verraten solche Kampfziele. Vor allem das rechtskatholische Lager verteilt großzügig Ausbürgerungsbescheide. In lockerem Plauderton erzählen schneidig gescheitelte Lehramtstreue, wer zur Community dazugehört und wer nicht. Nicht das schlagende Argument zählt, sondern die geschlagene Wunde. Kritisiert wird nicht eine Position, angegriffen wird die Person.

Die Attackierten könnten die verbale Vertreibung lässig mit einem »Na und« quittieren. Doch das gelingt selten. Diese Art der Exkommunikation scheint wehzutun, so absurd sie auch sein mag.

»Hört doch auf, uns das Katholischsein abzuerkennen«, flehen Liberale, als hinge vom rechten Ritterschlag die Anerkennung als vollwertiger katholischer Mensch ab. Wer von einschlägigen Medien der unkatholischen Umtriebe bezichtigt wird, wehrt sich reflexhaft mit Zugehörigkeitsbeteuerungen und bringt anwaltliche Versicherungen der Sorte bei: »Aber die engagiert sich doch schon jahrelang für diese Kirche, ihre Mutter pilgert nach Altötting! Die ganze Familie ist gut katholisch.« Meistens muss Jesus herhalten nach dem Motto: Würde er heute auf die Erde kommen, dann würde er sich fürs Plenum des synodalen Weges bewerben.

Wie tief das Bedürfnis nach Verteidigung sitzt, zeigte sich zum Beispiel, als Anfang Juli 2019 die Deutsche Bischofskonferenz und das Zentralkomitee der Katholiken den synodalen Weg der Presse vorstellten. ZdK-Präsident Thomas Sternberg sah sich genötigt, die Initiative Maria 2.0 gegen den Vorwurf der Kirchenfeindlichkeit zu verteidigen. Das seien die Treuesten der Treuen, erklärte er den Medienvertretern, ohne dass diese danach gefragt hätten. Souverän wäre es, sich von den Vertreibungsfantasien des rechtsgläubigen Lagers unbeeindruckt zu zeigen. Die An- und Aberkennung der katholischen Staatsbürgerschaft ist keinen Streit wert. Was katholisch ist und was nicht, hat kein bayerischer, kein rheinischer und kein römischer Bischof zu bestimmen, erst recht kein Portal mit vier Buchstaben. Wenn sich die Angegriffenen nach dem Muster verteidigten »Aber wir sind doch gläubig!«, machen sie sich klein.

Franziskus bemüht gern den »Geist der Unterscheidung«. Der findet jedoch im innerkirchlichen Streit keinen Landeplatz. Es wird nicht scharf genug das Autoritäre, Totalitäre, bisweilen Klerikalfaschistische vom Konservativen geschieden. Die Theologin Sonja Strube hat für »katholisch.de« die Kritik an Franziskus von rechts analysiert. Sie schreibt: »Religiöse Wahrheit, Gott und sein Wille werden als fest umrissene Aussage und fixierbaren Besitz angesehen, nicht als ein unsagbar viel Größeres, dem sich Menschen nur tastend annähern und ahnend anvertrauen können. Letztlich wird so die eigene menschliche Perspektive verwechselt mit der Perspektive Gottes.«

Die Verfechter der reinen Lehre kämpfen mit schmutzigen Tricks. Der Indienstnahme höherer Wesen liegen niedere Motive zugrunde. Eines ist die Unterstellung: Wer nach starken Argumenten sucht, ist bloß zu schwach zum Glauben. Ich führe mittlerweile Strichlisten darüber, wie oft bestimmte Bischöfe die intime Kenntnis des Ewigen gegen jede Änderungswunschandeutung eines Amtsbruders ausspielen. Kaum hatte die DBK im Herbst 2019 mit Mehrheit den synodalen Weg beschlossen, machte der Erzbischof von Köln klar, dass sein Navigationssystem ganz oben programmiert wird. Die Kirche könnte sich nur erneuern, wenn sie sich in Demut leiten lasse »nicht vom Blick auf sich selbst oder auf die Welt, sondern allein von dem Blick auf den Erlöser, vom Blick auf Christus«, sagte Rainer Maria Woelki im März 2019 der Zeitung »Die Tagespost«. Was sagte er tatsächlich? Die Befürworter des synodalen Weges sind anmaßend, egozentrisch, unchristlich.

Wenn die einen »Diskurs« und die andern »Christus« rufen, senden sie auf verschiedenen Frequenzen. Die Vollstrecker göttlichen Willens gerieren sich als Störfunk, der die unbequeme Wahrheit ausspricht. Andere Frequenzen werden als Feindsender wahrgenommen. So entsteht Lärm, aber keine Debatte. Pluralität würde bedeuten, dass auf derselben Wellenlänge Verschiedenes gesagt werden kann: Konservatives, Progressives, Liberales, wie auch immer man die Unterschiede benennen mochte. Autoritäre tarnen sich als verfolgte Konservative, Angreifer erklären sich zum Opfer. Kirchlich-Konservative scheuen die Abgrenzung nach rechts. Dabei ließe sich die Trennlinie scharf ziehen: Konservative stehen Veränderungen zwar skeptisch gegenüber, aber sie wollen den Wandel gestalten, nicht verhindern. Sie gehen Kompromisse ein. Autoritäre verordnen allen in ihrem Hoheitsgebiet einen Weg, eine Wahrheit und ein bestimmtes Leben.

Derzeit sind die autoritären Antennen besonders scharf gestellt, die Funkverbindung nach Rom macht Probleme. Eigentlich gelten in der absolutistischen Monarchie zwei Grundsätze: Oben sticht unten. Und: Wo Rom ist, ist oben. Papst Franziskus sendet nicht die klare Message, auf die sich die Autoritären in den Pontifikaten von Johannes Paul II. und Benedikt XVI. verlassen konnten: dass alles bleibt, wie es ist und dass Abweichler abgestraft werden. Franziskus hat einige Debattenfrequenzen freigeschaltet, er ermuntert nationale Bischofskonferenzen zur Diskussion. Reform ist für ihn kein Schimpfwort. Autoritäre entziehen sich dem argumentativen Ringen und der anstrengenden Suche nach Kompromissen. Sie blicken an Voten der Bischofskonferenz vorbei direkt auf den Stellvertreter Christi, sie pochen auf ihr Recht, ein römisches Machtwort in strittigen Fragen zu bekommen. Das war 1999 so in der Frage der Schwangerenkonfliktberatung, das ist 20 Jahre später so.

Da Franziskus nicht so zuverlässig wie seine Vorgänger die bestellte Botschaft liefert, funkt schon mal der andere Stellvertreter Christi dazwischen. Jedesmal, wenn Benedikt XVI. sein Schweigegebot brach, schlugen die Herzen der Autoritären höher. Sie gieren danach, dass er die »Glaubenskrise« und »Gotteskrise« der anderen beklagt. Im Herbst 2019 attestierte der Emeritus Deutschland eine »Gottesfinsternis«. Aus der Seifenoper um seinen Buchbeitrag im Januar 2020 ging er allerdings selbst nicht als strahlender Held hervor.

Wer anderen Glaubensverlust bescheinigt, hat einen vermessenen Anspruch: Was Glauben ist, weiß ich allein! Wichtig ist, von diesem gottgleichen Status bruchlos ins Martyrium zu wechseln. Der frühere Präfekt der Glaubenskongregation Gerhard Ludwig Müller tourt zusammen mit Gloria von Thurn und Taxis durch die Pfarrsäle. Die Fürstin bringt Glamour ins Glaubensdunkelland. Wenn es Kritik und Proteste gibt, erklärt sich Müller zum Diskriminierungsopfer.

Autoritäre wissen sich eins mit dem Allmächtigen. Mit dem aktuell Mächtigen in Rom fühlen sie sich nicht mehr ganz so eng verbunden. Schon bevor eine der gefürchteten Reformen umgesetzt ist, schalten die Autoritären in den Notwehr-Modus. Sie nehmen für sich ein Recht in Anspruch, dass sie Normalmenschen als »Glaubenskrise« und »Gottesfinsternis« ankreiden würden. Sie artikulieren zunächst Zweifel am Mann in Weiß, dann verweigern sie ihm den Gehorsam. Der Dogmatiker Michael Seewald schreibt in seinem Buch »Reform« über die Müllers in Rom und dem Erdkreis süffisant: »Zudem haben auch diejenigen, die viel und gern von Autorität sprechen, ihre anti-autoritäre Seite entdeckt. Sie folgen dem Papst so lange, wie er das Glück hat, auf ihrer Seite zu stehen.«

Unterhalb der Bischofsebene, in bestimmten Internetforen, hat sich eine angriffsbereit-autoritäre Szene formiert – und radikalisiert. Diese Autoritären inszenieren ihr Stillstandsbegehren als Widerstand, aufbegehren müssen sie nicht nur gegen die Welt, aufbegehren müssen sie auch gegen den eigenen Papst. Manche nennen ihn nur »Bergoglio« statt Franziskus. Sonja Strube beschreibt die Besonderheiten der aggressiven Aktivisten so: »eine extrem negative Sicht auf die Welt verbunden mit Empörung und Skandalberichten; eine starke verbale Abwertung Andersdenkender, die oft mit ihrem Lächerlichmachen einhergeht; die Formulierung rigider Moralvorstellungen, fast ausschließlich im Bereich der Sexualität, verbunden mit dem Ruf nach Zurechtweisung und harten Strafen. Es gibt ausgeprägte Strafgerichtsvorstellungen, bisweilen auch apokalyptische Rachefantasien.«

Ein Teil dieser Szene versammelt sich im Verein »Freude am Glauben«. Im Frühjahr 2019 traf sich die Gruppe zum Kongress in Ingolstadt. Die KNA sortiert die Gruppierung unter »konservative Katholiken« ein. Die wenigen Medien, die darüber berichteten, schrieben von der Agentur dieses verharmlosende Etikett ab. Am Ende des Kongresses erschien eine sowohl politisch als auch kirchenpolitisch autoritäre Resolution. Wer die Flüchtlingspolitik, den »Staatsfunk«, das Gender-Mainstreaming kritisiere, werde als »rechts« diffamiert, hieß es darin. Man werde als »Fundamentalist« und »Faschist« beschimpft. Charakteristisch ist die Mischung aus Klage- und Befehlston.

Glaubt man den freudig Glaubenden von Ingolstadt, gelten in Deutschland Gesinnungs- und Sprachdiktate, eine »Keule der Politischen Correctness« wird geschwungen, wer sich dem PC-Diktat nicht beuge, werde »diffamiert« und »sanktioniert«. Da der Abgrund stets im Sexuellen lauert, dient als Beispiel für die »Meinungsdiktatur« die Ehe für alle: Ein Zehntel der Abgeordneten habe die Ehe »umgedeutet«, behaupten die Resolutionäre. Demnach herrscht eine Minderheit über die Mehrheit.

Werner Münch, einer der Unterzeichner, war einmal Regierungschef von Sachsen-Anhalt, zudem hat er Politikwissenschaft studiert. Wenigstens er hätte wissen können, wie die Gesetzesänderung zur Ehe für alle tatsächlich zustande kam. Es gab am 30. Juni 2017 schlicht eine parlamentarische Mehrheit dafür. »Nach einer mitunter sehr emotionalen Debatte stimmten 393 Abgeordnete für die Gesetzesvorlage, 226 votierten mit Nein und vier enthielten sich der Stimme«, steht auf der Homepage des Bundestages.

Anders als es die deutschen Katholiken darstellen, ist diese deutsche Demokratie weder eine Diktatur einer Minderheit noch eine Diktatur der Mehrheit. Die Ehe zwischen zwei Menschen unterschiedlichen Geschlechts ist weiterhin erlaubt. Herr Münch muss nicht Herrn Gindert heiraten.

Die katholische Kirche wird im Freudenforum deshalb geschätzt, weil sie weiß Gott keine Demokratie ist. Diskurs, Vielfalt und Kompromissbereitschaft wurden 2005 von Joseph Ratzinger in seiner Bewerbungsrede vor dem Konklave als »Diktatur des Relativismus« denunziert. Mit solchen Abwertungen konnte man aufsteigen in der Hierarchie, in diesem Fall vom Kardinal zum Papst.

Das Ordnungssystem katholische Kirche wird von den auch im politischen Sinne Autoritären benutzt, um die Ordnung der Bundesrepublik zu diffamieren, der Glaube wird instrumentalisiert, um eine Demokratie zu diskreditieren. Ein Kenner des Rechtspopulismus, der sich bis dato kaum mit der katholischen Kirche befasst hat, schrieb mir eine entsetzte Mail zur Resolution des Forums: »Die Radikalität, die durch die neue Hoffähigkeit vermeintlich gemäßigter Rassismen gerade in manchen kirchlichen Kreisen freigelegt wird, ist erschreckend, wenn auch vielleicht für Insider nicht überraschend, wie ich höre. Für mich schon.«

Ein anderer sagt mir am Telefon: »Diese Resolution ist doch AfD pur. Warum höre ich da keinen Widerspruch?« Zwei Bischöfe, Rudolf Voderholzer aus Regensburg und Gregor Maria Hanke aus Eichstätt, zelebrierten Gottesdienste beim Kongress in Ingolstadt. Von ihnen ist kein Widerspruch zu erwarten. Ihre Amtsbrüder bleiben still.

Rudolf Voderholzer legte am ersten Advent 2019 nach. An jenem

Sonntag begann der synodale Weg. In seiner Predigt fühlte sich der Regenburger Bischof an die Situation des Jahres 1937 erinnert. Den Brief, den Papst Franziskus einige Monate zuvor nach Deutschland geschickt hatte, verglich er mit der Enzyklika »Mit brennender Sorge«. Diese hatte Papst Pius XI. angesichts der NS-Diktatur verfasst. Auch der Nuntius in Deutschland bemühte diesen Vergleich, Voderholzer berief sich auf ihn. Mit dem historischen Bezug wird nicht kritisiert, dass eine rechtsextreme Partei in Deutschland die Parlamente erobert. Dämonisiert wird das Vorhaben, eine Art Parlament über kirchliche Reformen abstimmen zu lassen. Sorglos übersehen brennend-besorgte Kleriker den Wesensunterschied zwischen Demokratie und Diktatur.

Vernehmbare Kritik am Flirt mit 1937 bleibt aus. Systematisch analysiert werden solche Denkmuster nicht, weder von Amtsbrüdern noch von der Basis.

Das liberal-katholische Mittelmilieu ist Teil des Problems. Es hat sich in einer gewissen Wurschtigkeit eingerichtet. »Lass dem Rudi doch seinen Spaß«, heißt es gespielt gönnerhaft. Manche Journalistinnen und Journalisten gefallen sich in der Vermittlerrolle und verwechseln das Ringen um Maß und Mitte mit heiliger Äquidistanz. Zeitschriften organisieren Streitgespräche, Radiosender präsentieren arglos autoritäre Positionen als konservativ, originell oder – wie in einem WDR-Interview mit dem Theologen David Berger – »munter aneckend«. Müssen wir uns nicht alle um ein gutes Diskussionsklima bemühen, links wie rechts?, fragen Kollegen in seelsorgerlichem Ton.

Nein. In der katholischen Kirche kann man schlecht gegen Linksextreme austeilen, weil es unter Deutschlands öffentlichen Katholiken keine gibt. Das kirchenpolitische Koordinatensystem hat sich so verschoben, dass Konservative wie die ehemaligen ZdK-

Präsidenten und CSU-Politiker Hans Maier und Alois Glück als »linksversifft« angegriffen werden.

Der Philosoph Daniel-Pascal Zorn beschreibt in seiner Zeitschriften-Kolumne »Na, logisch!« anschaulich, was hochheilige Äquidistanz anrichten kann. Er schildert einen Streitfall: »Nehmen wir an, Bernd äußert seine Meinung – und Anton antwortet darauf, indem er Bernd persönlich angreift. Bernd setzt sich dagegen natürlich zur Wehr, aber nicht mit einem persönlichen Angriff, sondern indem er Anton darauf hinweist, dass persönliche Angriffe nicht in Ordnung sind. Anton reagiert darauf erneut mit einem persönlichen Angriff – die beiden geraten in eine Diskussion. Nun hat Claudia die Diskussion der beiden beobachtet und interveniert, indem sie beiden ihren Streit zu gleichen Teilen vorwirft: ›Das ist ja nicht auszuhalten, wie ihr beide euch hier streitet! Hört sofort auf damit!‹«

Claudia erliegt dem Fehlschluss der goldenen Mitte, genauer gesagt dem Schiedsrichterfehlschluss. Sie geht davon aus: Beide sind schuld, wichtig ist, dass Ruhe einkehrt. Im katholischen Mittelmilieu ermahnen, sobald es laut wird, lauter Claudias und Klause die Krachschläger zum Frieden. Schlichten gilt als per se gut. Müssen wir nicht auch jene lieben, die uns nicht lieben? Haben wir nicht alle die Botschaft der Versöhnung in unserem Herzen?

Schlichten kann schlecht sein. Fair wäre es, Anton zur Ordnung zu rufen.

Kommentarspalten zu kirchlichen Themen in säkularen Medien sind voller persönlicher Angriffe. Die Kirche gilt als »Kinderfickersekte«, Kleriker als Triebgestörte, überhaupt wird viel psychologisiert und pathologisiert. Man lernt: Es gibt auch ein autoritär-kirchenkritisches Milieu, das Debatte mit Diagnose verwechselt. Per Krankschreibung wird das Gegenüber ins Aus befördert.

Betrachtet man allerdings die katholische digitale Community, ist ziemlich klar, aus welcher Ecke ein Aggressor wie Anton kommt. ==Für rechtskatholisch-autoritäre Portale gehören Diffamierungen, Unterstellungen und persönliche Beleidigungen zum Geschäftsmodell.== Sie setzen nicht zur Gegenrede an, sondern lancieren Kampagnen nach dem Motto: Die muss weg! Der gehört hinausbefördert! Als während der Familiensynode die Holzstatue einer schwangeren Frau – eine von indigenen Völkern verehrte Mutterfigur – in den Tiber geworfen wurde, feierten diese Portale das Tätervideo, begleitet von hämischen Tweets zum »Kult der Heiden«. Der Täter werde als Held »konservativ-katholischer« Kreise gefeiert, schrieben viele Medien. Sie irren. Die Autoritären feiern, nicht die Konservativen.

==Gift, Hass und Auslöschungsfantasien kommen in der katholischen Kirche von einer bestimmten Seite.== Milder Vermittlerton ist da unangebracht. Dahinter stehen wenige Aktivistinnen und Aktivisten, aber diese wenigen treiben den Rest vor sich her. Sie können es auch deshalb, weil die Machtverhältnisse im Vatikan unklar sind. Der aktuelle Papst wird als Flüchtlingsfreund in die Häretiker-Ecke gestellt. Einfach ignorieren kann nicht einmal der formal absolute Herrscher diese Vorwürfe. Ab und an glaubt er, seinen Gegnern eine Freude machen zu müssen. Dann schimpft er gegen Gender, ein Wort, das er erkennbar nur vom Hörensagen kennt, dann bezeichnet er Schwangerschaftsabbruch als »Auftragsmord«.

Die aggressive Minderheit sorgt im Namen ihrer Wahrheit dafür, dass Tagungen in kirchlichen Bildungshäusern abgesagt und Videos offline geschaltet werden. Oft wird dieses Stadium gar nicht erst erreicht, weil Entscheider vorauseilend gehorsam ein- und ausladen. Diese Minderheit sorgt dafür, dass keine tiefenscharfe Auseinandersetzung mit den systemischen Ursachen der sexualisierten Gewalt möglich ist, weil jede Reformidee als »Missbrauch des Missbrauchs« verunglimpft wird. Dabei könnten just diese Kreise, in denen die obsessive Beschäftigung mit dem Unterleib anderer zur Kernsubstanz des Glaubens gehört, humanwissenschaftliche oder einfach nur humane Tagungs-Impulse vertragen.

Die Autoritären haben die digitalen Medien früh entdeckt und sind kampagnenfähig, anders als das katholische Juste Milieu. Soziale Medien werden genutzt, um Normübertretungen anderer zu melden und zur Bestrafung aufzurufen. Viele Amtsträger beteuern, solches Geschreibsel nicht ernst zu nehmen und fürchten dennoch, als »nicht katholisch« ausgebürgert zu werden. Anstatt offen zu widersprechen, bleiben sie still.

Umso mehr ließ aufhorchen, was der Essener Generalvikar Klaus Pfeffer in seiner Bibelarbeit während des Evangelischen Kirchentages 2019 sagte: »Ich will diesem ›Forum Deutscher Katholiken‹ keine unnötige Aufmerksamkeit zukommen lassen, aber dieses Beispiel zum Anlass nehmen, uns alle zu erhöhter Wachsamkeit aufzurufen: Wir dürfen nicht zulassen, dass das Evangelium, dass unser christlicher Glaube in solcher Weise missbraucht wird für puren Rechtspopulismus. Darum hilft es, das konkrete Evangelium, die Worte und Taten Jesu dem gegenüberzustellen, was wir derzeit in unserer Gesellschaft und leider auch im Raum unserer Kirchen wahrnehmen. Da wird sehr deutlich: Der verstehende, barmherzige Jesus, der jeden Menschen sieht, steht in völligem Gegensatz zu all denjenigen, die Aggressionen, Verurteilungen und subtilen oder offenen Hass verbreiten.«

Pfeffers Beispiel blieb ohne Nachahmer. Während das autoritäre Lager bevorzugt den Willen Gottes bemüht, neigen die Liberalen dazu, den sanften Jesus gefühlig herbeizuzitieren. Vom nämlichen Jesus stammt allerdings auch der Satz: »Ich bin nicht gekommen, um Frieden zu bringen, sondern das Schwert.« Er war offenbar kein Freund des stumpfen Bestecks. Ob er beim synodalen Weg dabei wäre, ob er sich beim Weiberaufstand unterhaken würde, ob er römisch-katholischer Kirchensteuerzahler wäre – ich weiß es nicht. Gerade darin liegt der Reiz des Streits: in der Auseinandersetzung mit Evangelium, Kirchengeschichte und Kirchenkritik, in der Suche nach einer plausiblen Argumentation, in gedanklicher Präzision und argumentativer Disziplin.

Das liberal-katholische Lager hat die scharf schießenden Märtyrer viel zu lange verharmlost, gehätschelt, gefürchtet. Die Angst der Anderen macht die Autoritären stärker, als sie tatsächlich sind.

Der Münsteraner Bischof Felix Genn fragte im September 2019: »Sollten wir als Kirche gerade in Zeiten einer Verrohung des politischen und gesellschaftlichen Diskurses durch Populisten nicht auch bemüht sein, zu zeigen, dass man zwar hart in der Sache, aber dennoch gut und konstruktiv im Umgang miteinander um den richtigen Weg ringen kann? Die katholische Kirche als Vorbild einer konstruktiven Streitkultur: Das wäre doch einmal was!«

So wird das nichts. Wollte er wirklich streiten, hätte der Bischof nicht per Konjunktiv an eine diffuse Zielgruppe appelliert. Er hätte einfach nach Regensburg rüberrufen können: »Rudi, wie meinst du das mit 1937, der brennenden Sorge und dem synodalen Weg?«

Den Aggressiv-Autoritären gilt ein schweres Foul als starkes Glaubenszeugnis. Es wird lange dauern, bis Tritte in den Unterleib unterbleiben. Sie werden nie aufhören, wenn die Angst vor Streit und Auseinandersetzung bleibt. Noch sind es viel zu wenige, die wie die Theologin Sonja Strube gut belegt beschreiben, dass die Aggression System hat und ein bestimmtes System stabilisiert. Auf facebook habe ich im vergangenen Jahr damit angefangen, Wortmeldungen aus innerkirchlichen Debatten auf ihren autoritären, aggressiven und manipulativen Gehalt hin zu analysieren. Es fehlen geschulte Streitbegleiterinnen und -begleiter mit scharfem Besteck. Dann würde zum Beispiel auffallen, wie oft die gegnerische Position falsch zusammengefasst wird, damit sie, derart zerknüllt, im Müll entsorgt werden kann. Gern werden im hohen Belehrungston Behauptungen bekämpft, die niemand aufgestellt hat. Das klingt dann so: Demokratie wird die Kirche nicht retten! Verheiratete Priester bringen keine volleren Kirchenbänke! Priesterinnen verhindern sexuellen Missbrauch nicht!

Streit ist da, aber er gilt als fies. Macht ist da, aber sie gilt als igitt. Wo es keine Macht geben darf, fehlt die Kontrolle der Macht. Wo es keinen Streit geben darf, fehlen Regeln des fairen Streitens. Streit wird in der katholischen Kirche entweder mit Vernichtungskrieg oder mit Beschwichtigen und Beschwiemeln verwechselt. Streitkultur zeichnet sich dadurch aus, dass für alle dieselben Regeln gelten: Themen identifizieren, Hinsichten unterscheiden, persönliche Angriffe unterlassen, beharrlich bleiben.

Ich weiß: Das klingt langweilig, vernünftig, nicht so richtig nach katholischer Drama-Queen. Manchmal, wenn das Trotzdem albern-trotzig wird, spielen wir im kleinen Debattenanalysekreis kath-shit-Bingo. Sobald die Wörter »Neu-Evangelisierung«, »Zeitgeist« und »Wille Gottes« fallen, muss jemand »Treffer« rufen. Frei nach Jesus: Ich bin nicht gekommen, um Frieden zu bringen, sondern das Florett.

Sind wir Kirche?

Die katholische Kirche kann ohne Volk bestehen, aber nicht ohne Kleriker. Es gilt das Prinzip: Keine Kirchengewalt geht vom Volke aus. Alles Gute kommt von oben, alles Schlechte kommt von draußen.

Die Gemeinschaft der Getauften und Gefirmten wählt ihre Hierarchen nicht. Der Basis wird, je nach Papstlaune, fromme Schwarmintelligenz attestiert, Sensus Fidei genannt. Franziskus holt vor Synoden die Meinung der »einfachen Gläubigen« ein. Aber sie stimmen nicht ab, sie bestimmen nicht mit, was zu glauben ist. Das darf nur das ordentliche Lehramt; dessen Mitglieder bekommen durch die Weihe den siebten Sinn dafür, was das Richtige für alle ist, sie haben den Sensus Ecclesiae.

Im Kinofilm »Verteidiger der Wahrheit« zeigt Regisseur Christoph Röhl, wozu das Kirchenvolk nach reiner Lehre nützlich ist: Es jubelt auf dem Petersplatz, wenn ein neuer Papst die Loggia betritt. Es fällt in Ohnmacht vor lauter Benedetto-Begeisterung. Es betet und singt exakt das, was die katholische Liturgie vorsieht. Masse und Messe bilden die Kulisse für den großen Auftritt des Wahrheitsbesitzers, wie Königliche Hoheit in den Sissi-Filmen von Ernst Marischka nimmt Seine Heiligkeit die Huldigungen der Untertanen entgegen.

Das Kirchenrecht gibt dem einzelnen Mitglied dieser Gemeinschaft keine Abwehrrechte gegenüber der Institution, es ist umgekehrt: Die Institution erwehrt sich des oder der Einzelnen, sie schützt die Sakramente vor unsachgemäßem Gebrauch und das Individuum vor sich selbst.

Der Augsburger Dogmatikprofessor Thomas Marschler antwortete in einem Interview mit dem »Domradio« entwaffnend ehrlich auf die Frage, ob Menschen- und Freiheitsrechte in die Kirche übernommen werden könnten. Die Taufe sei eine Selbstbindung, mit dem Christsein habe man sich selbst festgelegt. »Den Menschen, die sich freiwillig gebunden haben, die einen Glauben angenommen haben und die versprochen haben, nach den Maßstäben des Glaubens zu leben, zu sagen: ›Ihr behaltet weiterhin alle Freiheitsrechte innerhalb der Kirche‹ ist meiner Ansicht nach eigentlich selbstwidersprüchlich.« Nicht die Kirche soll sich modernen Demokratien anpassen, vielmehr sollen sich demokratische Individuen damit abfinden, in einer absolutistischen Monarchie zu leben.

Auch der synodale Weg bietet keinen Systemwechsel. Die Kirche sei nun mal keine Demokratie, sagen manche Bischöfe entschuldigend, manche ohne Anflug von Bedauern. Der synodale Weg ist qua Satzung Partizipationssimulation. [„Partizipations attrappe] Lid

Die katholische Kirche lässt sich als politisches System beschreiben. In dieser speziellen absolutistischen Monarchie mischen sich Elemente traditionaler, bürokratischer und charismatischer Herrschaft. Ein Staat ist diese Kirche – abgesehen vom Vatikan – nicht. Dem politischen Gemeinwesen Staat kann man nicht entkommen. Wer ihn verlässt, betritt einen neuen. Jeder Mensch gehört einem politischen Gemeinwesen an, keiner kann sich unpolitisch verhalten, auch wenn er sich für unpolitisch hält. Proteste und Akklamation, Revolution und Resignation, bleiben oder gehen – was das Staatsvolk macht, hat Auswirkungen auf die Mächtigen, auch in nicht-demokratischen Regimen. Diktatoren können Aufstände blutig niederschlagen, sie können ihre Grenzen mit Selbstschussanlagen sichern, aber sie können nicht ignorieren, was sich an der Basis abspielt. Sie spüren Druck.

Die Spitzen der katholischen Kirche sind weitgehend druckunempfindlich. Ein Ruf wie »Wir sind das Kirchenvolk!« prallt an ihnen ab. Begegnungen mit den Untertanen geraten weniger huldvoll als in Sissi-Schmonzetten, Protestierende werden gönnerhaft abgefertigt. Als Maria 2.0 zum Streik aufrief, nannten einige Herrscher das »nicht hilfreich«, andere tadelten die »Instrumentalisierung der Gottesmutter«. Die Obrigkeit behält sich vor, die Qualität des Protestes zu bewerten. Zugleich stehen die Türen kirchlicher Bildungshäuser mittlerweile in vielen Bistümern kritischen Geistern weit offen. Man gönnt sich verbale Revolte, wohl wissend, dass sie folgenlos bleibt. Hofnarren leistet sich, wer sich seiner Position sehr sicher ist.

Bei Reformbewegungen sind derzeit Vergleiche zwischen der Amtskirche und dem späten SED-Regimes beliebt. Die Mauer werde fallen, sie werde zum Einsturz gebracht mit Gebeten und Kerzen, sagen sie. Anders als die DDR ist die katholische Kirche keine Diktatur. Sie hat zwar unter Johannes Paul II. und Joseph Ratzinger ein ausgeprägtes Spitzelsystem bis in die kleinste Gemeinde unterhalten, aber die Machthaber sichern die Grenzen zwischen drinnen und draußen nicht mit Selbstschussanlagen. Wer nicht einverstanden ist, wird offen zum Verlassen des geistlichen Herrschaftsgebiets aufgefordert. Den Satz »Dann geh doch« sprechen manche Bischöfe und Priester triumphierend aus. Anders als im real existierenden Sozialismus lassen sich die katholischen Regenten weder durch Proteste noch durch massenhafte Flucht – im deutschen Fall Kirchenaustritte – beeindrucken oder wenigstens unter Druck setzen. Hohne Austrittszahlen werden gelassen registriert, der finanzielle Verlust ist in Prognosen schon eingepreist.

Die autoritäre katholische Kirche ist, wenn es so weitergeht, noch lange nicht am Ende. Sollten nur noch 27 Männer pro Jahr geweiht werden, wird es noch lange 27 Bischöfe in Deutschland geben.

Wenn ich gefragt werde, warum ich noch nicht ausgetreten bin, sage ich fast rituell: weil ich diese Kirche nicht den Autoritären überlassen will. Viele schauen mich enttäuscht an: Glauben Sie denn nicht an das katholische Wir, an die große gemeinsame Sache über alle Lager hinweg? Nein, ich glaube nicht, dass sich die Kluft zwischen Spitze und Basis, zwischen plural- und autoritär-katholischen Geistern mit dem Appell an das große Wir schließen lässt. Die Auseinandersetzung muss schärfer geführt werden als bisher, nicht schärfer im Ton, aber schärfer in der Analyse. Dem Autoritären, Unverschämten, Verdummenden und Verdammenden in allen Religionen wird viel zu sanft widersprochen. Mich verbindet mit liberalen Juden und Muslimen mehr als mit vielen Katholiken, gerade deshalb streite ich lieber in meinem eigenen Laden.

Bei Lesungen kommt zuverlässig der Moment, an dem jemand aufsteht und sagt: »Wir sind Kirche, nicht nur die Hierarchie.« Der Satz ist ähnlich aussagekräftig wie »Wir brauchen Evangelisierung«. Fragt man zurück: Was meinen Sie damit?, folgt meistens in beiden Fällen verdutztes Schweigen. Der Theologe Daniel Bogner erlebt offenbar Ähnliches. Engagierte sagen ihm: »Wichtig ist doch nicht das, was ›die da oben‹ sagen, sondern das, was wir hier vor Ort tun!« In seinem Buch »Ihr macht uns die Kirche kaputt!« erklärt er, was damit eigentlich gesagt wird: »Es ist eine verständliche und nachvollziehbare Haltung, aber sie zwingt einen zu einer inneren Spaltung. Man geht schon gar nicht mehr davon aus, dass Form und Inhalt, äußerer Rahmen und gelebte Erfahrung irgendwie zueinanderpassen, das eine durch das andere ausgedrückt und repräsentiert wird.«

Der Satz »Wir sind Kirche« klingt rebellisch, tatsächlich verbirgt sich dahinter oft eine Mischung aus Selbstbetrug und Rückzug in die Nische. »Wir« sind erst dann Kirche, wenn wir in einer Verfassung als Souverän gewürdigt und nicht nur als Sünder gedeckelt werden.

Als im März 2013 Franziskus auf der römischen Loggia trat und »Guten Abend« wünschte, dachte ich tatsächlich: Jetzt ist die Opposition an die Macht gekommen. Der Neue verweigert eine Ordnungszahl, er sieht sich nicht als Benedikt XVII. Sein erstes Schreiben »Evangelii Gaudium« las sich so herrschaftskritisch, wie man es einem Herrscher nicht zugetraut hätte. Doch auch ein Monarch anderen Typs bleibt ein Monarch, auch Franziskus ist ein Mann des Systems. Sollte es die Hoffnung auf eine Revolution von oben gegeben haben, so endete sie beim Missbrauchsgipfel im Februar 2019. Der Mann an der Spitze stellt nicht die Systemfrage. Ein verfassungsgebendes Konzil steht nicht auf seiner Agenda. Alles Gute kommt von Synoden, alles Böse vom Teufel.

Wie sind »Wir« also Kirche? Angenommen, statt 220 000 Menschen pro Jahr würden fünf Millionen Kirchensteuerzahlerinnen und -zahler in Deutschland austreten, binnen weniger Monate, verbunden mit der Ansage: Wir möchten katholisch bleiben, aber wir unterstützen dieses System nicht mehr mit Geist und Geld. Dankbar wäre ein Sperrkonto-Modell.

Mutmaßlich kann der kalte Entzug leisten, was Proteste, Streiks, Bücher und synodale Diskussionen bisher nicht vermochten: Die Druckverhältnisse ändern sich. Wer zahlt, hat nichts zu sagen. Wenn aber viele nicht zahlen, haben sie Macht. Dann sind sie auf gleicher Augenhöhe. Eine solch geordneter Austritt könnte ein Gradmesser dafür sein, wie vielen ernst ist mit dem Wir. Gelingt es, Millionen zu versammeln, gibt es eine kritische Masse. Gelingt es nicht, geht das gemütliche Beisammensein weiter – auf Kosten der Opfer dieses Systems.

In der bischöflichen Sprache sind »Wir« dann Kirche, wenn der Klerus in der Klemme steckt. Dann erinnern sich Alleinentscheider an die Solidargemeinschaft. Stephan Ackermann dachte im Herbst 2019 laut darüber nach, Entschädigung für Missbrauchsbetroffene aus Kirchensteuermitteln zu zahlen. Für Andi Scheuers Autobahnen komme schließlich auch die Solidargemeinschaft auf, schob er als Begründung nach. Für den Maut-Vergleich bat er um Entschuldigung, doch der Gedanke der katholischen Solidargemeinschaft blieb in der Welt. Vertreter des Zentralkomitees der Katholiken warnten vor der Empörung der Gläubigen und weiteren Kirchenaustritten. Andere Bischöfe beteuerten daraufhin, sie wollten für Entschädigungen andere Finanzquellen anzapfen. In diesem Durcheinander schimmert die Sehnsucht nach Schlussstrich, Freikauf und, theologisch gesprochen, Erlösung durch.

Es wäre angezeigt, zunächst Täter und Vertuscher zur Rechenschaft zu ziehen und erst dann Kirchensteuereinnahmen zu verwenden. Doch das setzt Aufklärung voraus, also Unruhe. Der Kirchenrechtler Norbert Lüdecke analysierte in der »Frankfurter Rundschau« vom 10. Dezember 2019 so scharf wie keiner vor ihm: »Statt das Entschädigungsverfahren zügig zu konzipieren, wird eine Kirchensteuerdebatte bei den Laien induziert, werden diese gegen die Missbrauchsbetroffenen ausgespielt.« Das heißt auch: »Wir« bleiben außen vor, taugen allenfalls als Drohkulisse.

Systemische Risikofaktoren versus persönliche Schuld, Aufklärung versus Prävention, Neu-Evangelisierung versus Reform der Institution – zu diesen falschen Alternativen kommen weitere hinzu: Entschädigung versus Kirchensteuer, Betroffene versus Bezahler. Soziale Projekte müssten aufgegeben werden, um so hohe Summen aufzubringen, klagen etwa die Orden. Dann müsse eben an der Kirchenmusik gespart werden, sagen mir andere, wohl wissend, dass mein Mann Kirchenmusiker ist. Opfer, die sich öffentlich engagieren, bekommen Hass-Post. Ein ehemaliger Internatsschüler, heute Mitglied in Betroffenenbeirat eines Bistums, erzählt von digitalen Pöbeleien nach dem Muster »Für 300 000 Euro Entschädigung hätte ich mir auch als Kind einen blasen lassen«. Das mögen Einzelfälle sein, sie zeigen jedoch: Die Betroffenen sexualisierter Gewalt haben weder die Empathie noch die Einsicht der angeblichen Solidargemeinschaft sicher. Beim Zahlen hört das Mitgefühl auf.

Ich habe als Kirchensteuerzahlerin keinen Einfluss darauf, wie die Mittel ausgegeben werden. Ich bin nicht gefragt worden, ob ich mit dem klerikalen Vertuschungssystem einverstanden bin. Die organisierte Verantwortungslosigkeit haben Bischöfe und Generalvikare so gewollt, deshalb sind sie die Haupt-Verantwortlichen. Wir sind nicht Ackermann. Aber »wir« Laien können uns nicht einfach empört aus der Affäre ziehen, weil die Führungskräfte im entscheidenden Moment in der Menge untertauchen möchten: Viele von uns haben weggesehen, manche waren Mitwisser, andere haben sich ans Pfarrheim gekettet für ihren netten Herrn Pastor, damit der nicht wegen »ein paar Dummheiten mit Kindern« bestraft wurde.

Wenn die Leitung dieser Kirche, die durch Weihe ermächtigte Kaste, es nicht schafft, Entschädigungen zu zahlen und die Taten aufzuklären, verliert sie ihre Legitimation, Sakramentalität hin oder her. Aber bevor Betroffene leer ausgehen, sollen sie von meinem, von unserem Sperrkonto-Geld bekommen. Dann wären Wir anders Kirche als die Kirche von oben.

Was vom Glauben übrig bleibt

Als ich dieses Buch begann, lautete der Arbeitstitel »Wir Komplizen«, dann sollte es irgendetwas mit »Schafsgeduld« und Schuld werden. Zwischendurch war »Totalschaden« im Gespräch. Alles passt ein bisschen – und nun steht da dieses »Trotzdem« auf dem Cover.

Je mehr ich über die vergangenen zehn Jahre nachdachte, je intensiver ich mir die Frage stellte »Wie war es möglich?«, desto weniger »Trotzdem« blieb übrig. Trotzdem bin ich noch dabei. Einfach so austreten, käme mir wie Davonstehlen vor, einfach so bleiben ist unmöglich. Eine Erpressung von der Sorte: »Ich bleibe nur, wenn die Institution sich ändert«, wird niemanden beeindrucken. Auf den Einzelnen kommt es in der absolutistischen Monarchie nicht an.

Die römisch-katholische Kirche hat die Würde von Menschen verletzt, sie hat das Evangelium verraten. Sie verwendet Begriffe wie Gleichberechtigung, hat aber die Diskriminierung von Frauen und Homosexuellen zum Kernbestand des Glaubens erklärt. Ihre Hirten verfügen über Macht, aber nicht über die innere Kraft zu Umkehr und Unterbrechung. Wenn sie überhaupt Rechenschaft ablegen, dann nur auf äußeren Druck hin.

Berufsbedingt schaue ich in Paradiese mit und ohne Jungfrauen, tauche in kalte und heiße Höllen ein, lese Post von Menschen, die sich für Marias verschollene Schwester oder den nächsten Dalai Lama halten. Täglich grüßt der Wahnsinn, denke ich oft genug am Redaktionsschreibtisch. Dass die Welt ohne Religion besser dran wäre, glaube ich allerdings nicht. Mich reizen autoritäre Katholiken zum Widerspruch, autoritäre Atheisten aber genauso. Religion ist ein gefährlicher Stoff, eine Droge. Das gilt auch fürs Christentum. Es gibt keinen Grund, das Christentum für eine überlegene, besonders menschenfreundliche Religion zu halten. Aber es ist meine. Schafe haften für ihre Hirten.

Ich wurde in ein katholisches Milieu hineingeboren: Taufe, Kommunion, Firmung, Jugendgruppe, Jugendchor, Kirchenmusik. Stünde ich heute – ohne diese Sozialisierung – vor der Frage, ob ich der Gemeinschaft beitreten wollte, wäre die Antwort ein Nein. So aber bin ich ein Teil von ihr und diese Kirche ist ein Teil meines Lebens.

Jahrzehntelang habe ich den Katholizismus meiner Jugend bewahrt: das »Laudato Si« in der Endlosschleife. Die Begeisterung. Die Hoffnung. Die Ahnung, dass da mehr sein könnte hinterm Horizont als das Reihenhaus mit Kiesauffahrt. Es fällt mir schwer, die Aufzählung um »den Glauben« zu ergänzen. Woran wir wirklich glaubten, darüber haben wir weder in unserer Familie noch in unserer Jugendgruppe gesprochen. Er macht uns frei, damit wir einander befreien, haben wir gesungen. Vielleicht war es diese Aussicht.

Als eine Freundin aus Jugendtagen mit Anfang 40 an Krebs starb, erzählte der Priester während der Beerdigungsmesse von den Gesprächen mit ihr. Sie habe, getröstet durch den Glauben, die schwere Krankheit ertragen, sagte er. Als der Sarg ins Grab gesenkt wurde, brach ihre Tochter am Grab weinend zusammen. Das Kind war zehn Jahre, so alt wie unsere Tochter damals. Scheiß-Gott, Scheiß-Krankheit, dachte ich auf dem Friedhof. Die Freundin hat es wohl anders gesehen. Sie ging damit nicht hausieren. Einen so unerschütterlichen Glauben bringe ich nicht auf.

Die »Prinzen« sangen in einem ihrer Hits: »Du musst ein Schwein sein in dieser Welt«. Christsein hieß für mich: Ich will kein Schwein sein in dieser Welt, aber auch kein Schäfchen in der Herde sowie die Frommen in meiner Familie. Ich war als junge Erwachsene lau katholisch, pickte mir heraus, was mir sinnvoll schien, und fand das völlig in Ordnung.

Dass sich das änderte, hat unter anderem mit Joseph Ratzinger zu tun. Als er 2005 Papst wurde, saß ich auf dem Sofa und stillte unseren gerade geborenen Sohn. »Wir sind Papst« titelte »Bild« damals. Ich nicht, dachte ich. Das neue Oberhaupt beobachtete ich zunächst nur aus den Augenwinkeln. Mit Ende 30 fühlte ich mich resignativ reif genug für die Erkenntnis: Rebellion lohnt sich nicht, also mach deinen Frieden mit der Institution. Die Kirche lag in meinem Leben herum wie das alte Sofakissen, das wir vergessen hatten, neu zu beziehen: provinziell, spießig, allenfalls in ironischer Brechung präsentabel, aber doch liebenswert.

Ein paar Jahre später schreckte mich Benedikt XVI. vom Sofa auf. Bei seinem Deutschlandbesuch sagte er: »Der Schaden der Kirche kommt nicht von ihren Gegnern, sondern von den lauen Christen.« Ich schrieb in einem Leitartikel das Bekenntnis einer lauen Katholikin. Es war eine Ehrenrettung jener Gläubigen, die Waffeln backen auf Pfarrfesten, Kindergottesdienste organisierten und anpacken, wo es nötig ist. Nichts gegen Benedikts Liebe zu geläuterten Dirnen. Was mich störte, war sein Hochmut gegenüber der ergrauten Frauengemeinschaftsfunktionärin. Er feierte in der Predigt die Umkehrer und fand kein freundliches Wort für jene, die kein spektakuläres Bekehrungserlebnis zu bieten haben.

Dieses Pontifikat war zu schwül und zu kühl für Laue wie mich.

Ich wurde hellhöriger. Mir fielen plötzlich die Brenner und Bekenner auf, die Feuilletonkatholiken und konvertierten Marxisten, die eine totalitäre Doktrin durch eine andere ersetzt hatten. Die Berufungserlebnisse junger Seminaristen klangen immer spektakulärer. Jesus schien eine Fortbildung zum Eventmananger gemacht zu haben, die Jesus-Berührung wurde zum Gradmesser der Rechtgläubigkeit. Wer die entleerteste Lehre vor sich hertrug, stieg in der Hierarchie auf. Ich begann, leidenschaftlich fürs Laue zu streiten.

Das Grab ist leer, das Boot ist voll – ich glaube nicht, dass das zusammenpasst. Soziales und politisches Engagement halte ich für ein Glaubenszeugnis. In einem langen facebook-Text erklärte der Jugendbischof mein aus der Jugend hinübergerettetes Gutsein-Programm zum »Humanismus der Nettigkeit«. Er meinte nicht mich persönlich, aber die Makramee-Frömmigkeit der 80er-Jahre kam schlecht weg. Mit ewiger Anbetung kann ich leider nicht dienen. Ich bin defizitär-katholisch.

Das Ende der Volkskirche ist ein soziologisches Faktum. Die Besserglauber sehnen es jedoch regelrecht herbei. Liest man zum Beispiel das »Missionsmanifest«, fällt als Erstes die Häme gegenüber der Volkskirche auf. Es gibt keinen Grund, sie zu idealisieren; das dürfte dieses Buch deutlich gezeigt haben. Es war jene Kirche, in der sexueller Missbrauch verübt, vertuscht und verharmlost wurde. Es war die Zeit der Unterleibsfragen im Beichtstuhl. Es war die Zeit unumschränkter klerikaler Macht, gern getarnt mit Jeans, Turnschuhen und Gitarre.

Ich trauere der jovial-verlogenen Volkskirche nicht nach. Aber die Häme zu ihrem Ende stößt mich ab. Ich fürchte die Kirche der Richtigen und Rechten. Ich fürchte eine Kirche, die kleiner und kleingeistiger wird. Eine Tendenz zur »Versektung« hat die Theologin Ursula Nothelle-Wildfeuer ausgemacht. Ich bedaure nicht, dass der gesellschaftliche Einfluss der Kirche schwindet. Mir graut davor, welche Feindbilder und Ideale in versekteten Gemeinschaften gepflegt werden. Gern würde ich die neuen Missionare zu den frommen, unglücklich Verheirateten meiner Familie an den Küchentisch setzen. Dann würde ich sie fragen, ob sie ernsthaft an das Heilsame der Härte glauben. Härte hilft den Ideologen, nicht den Leidenden.

Früher bin ich regelmäßig in die Messe gegangen, nach Benedikts Lauenschelte wurde das seltener. Schon lange bete ich beim Credo die Zeile »Ich glaube an die Heilige Katholische Kirche« nicht mehr mit.

Ich glaube nicht daran. Die Spitze dieser Institution hat alle moralischen Maßstäbe verrückt. Sie hat das Harmlose kriminalisiert und das Kriminelle verharmlost. Sie relativiert, wo es nichts zu relativieren gibt. Ich frage nicht mehr, wie es gelingt, trotz allem in den Spiegel zu schauen. Ich glaube, der Spiegel wurde auf höheren Kirchenetagen längst abgehängt.

Der Philosoph und Jesuit Godehard Brüntrup schreibt zehn Jahre nach dem Missbrauchsskandaljahr in den »Stimmen der Zeit« über den »ultimativen Verrat«: »Selbst kirchenferne Journalisten, die nicht wissen, ob die Zahl der Apostel größer ist als die Zahl der Planeten, spürten doch, dass hier etwas von immenser spiritueller Tragweite geschehen war ... Die todbringende Gefahr für Kinderseelen näherte sich ihnen maskiert in persona Christi. Ein Sportverein ist dieses moralischen Abgrundes gar nicht fähig. Während viele Gläubige die Relevanz des Geschehens im Herzen erspürten oder sogar intellektuell durchdrangen, schien es, dass erhebliche Teile der kirchlichen Hierarchie mit Verdrängung beschäftigt waren.«

Ich habe spät die Relevanz erspürt und längst nicht alles intellektuell durchdrungen. Mich hat die spirituelle Tragweite, von der Brüntrup schreibt, dazu gebracht, die Bibel genauer zu lesen, vor allem das Neue Testament. Ich nehme mir verschiedene Interpretationen vor, diskutiere darüber mit Freundinnen und Freunden, mit Fachleuten und Interessierten. Ich habe auf meiner Weiberaufstandstournee viele Menschen kennengelernt, die diese Art der Auseinandersetzung suchen. Sie möchten wissen, was sie guten Gewissens glauben und vor allem leben können. Ihnen fühle ich mich verbunden.

Die »Botschaft«, von der immer die Rede ist, wird durch diese Auseinandersetzung weder eindeutiger noch einfacher, sie wird schwieriger, aber nicht schwächer. Kleinigkeiten werden wichtig. Das »Wie« in den Gleichnissen zum Beispiel. Jesus sagt nicht: Das Himmelreich ist so und fertig. Er sagt: »Mit dem Himmelreich ist es wie«. Wir haben Spielraum. Die Re-Lecture macht mich zweifelnder. Zugleich bin ich mir sicher, dass ich von dieser Art des Christseins nicht ablassen werde. Es ist ein lebenslanger Drahtseilakt, ich bin damit nicht fertig wie nach einer Zirkusnummer.

Am Anfand des »Weiberaufstands« stand eine intellektuelle Probebohrung. Kaum dringt man unter die Oberfläche, kaum sucht man die Kirchengeschichte ab, fallen War-immer-schon-so-Behauptungen in sich zusammen. Mittlerweile ist der »Weiberaufstand« kein Streit allein für die Gleichberechtigung von Frauen, es ist ein Streit für das freie Wort und das freie Denken. Römisch-katholisch ist das nach amtlicher Definition nicht. Fragen gelten als Glaubensschwäche, andere Antworten als die vorgesehenen als Glaubenskrise und Glaubensverlust. Viele andere nehmen sich diese Freiheit auch, Frauen wie Männer. Die Frage der Stunde ist nicht nur: gehen oder bleiben. Sie lautet auch: Was ist katholisch?

Die Kirche in Deutschland genehmigt sich gerade ein wenig freie Debatte. Man wolle durch den synodalen Weg Glaubwürdigkeit zurückzugewinnen, heißt es bei DBK und ZdK. Für mich hat diese Kirche mit diesem Spitzenpersonal jeden Kredit verspielt. Wäre noch ein Rest übrig, dann vernichteten ihn Glaubwürdigkeits-Rückeroberungspläne.

Dabei könnte die Welt Institutionen gut gebrauchen, die Zweifel sähen am Gott des Kapitalismus. Sie könnte globale Autoritäten gut gebrauchen, die Ernst machen mit der Gleichwürdigkeit und Gleichwertigkeit aller Menschen. Sie könnte Stimmen gut gebrauchen, die den Autokraten vernehmlich Widerworte geben. Diesen Anspruch kann man nicht allein aus dem Christentum herleiten, es hat kein Monopol darauf. Aber das Evangelium kann eine Kraft- und Inspirationsquelle sein.

Wenn ich durch die Auseinandersetzung überhaupt etwas von der Botschaft begriffen habe, dann das: Sie ist größer als das Klein-Klein der Geschlechtsverkehrsordnung, sie ist anspruchsvoller als der Imperativ der Wahrheitsbesitzer. Sie könnte aufrichten, auch wenn die Geschichte der Institution von Abrichtung und Diskriminierung erzählt. »Ich fände es fatal, wenn in unserer Gesellschaft die christlichen Optionen deswegen verschwinden würden, weil die Kirchen als gesellschaftliche Institutionen zurückgebaut werden«, sagte der Theologe Rainer Bucher in einem Interview über Christentum und Kapitalismus. Er hätte statt »zurückgebaut« auch sagen können: weil die Kirchen sich selbst zerlegt haben.

Die katholische Kirche wird mutmaßlich nicht dadurch reformiert, dass der synodale Weg zu einem Ergebnis führt. Sie verändert sich, weil das bisherige System trotz der verzweifelten Selbststabilisierung in sich zusammensackt.

Die große Theologin Hildegard Knef hat auf ihrer letzten CD ein raues Lied aufgenommen. Sie singt: »Du hast gebetet, doch im falschen Dom. Was du hinterlässt, war nur ein schales Fest. Du bestehst ihn nicht, den großen Abschiedstest.«

In der Titelzeile stellt sie jene Frage, die von meinem Glauben übrig bleibt: Wer war froh, dass es dich gab? Die Hungernden, die ich speiste. Die Dürstenden, denen ich zu trinken gab. Die Nackten, die ich bekleidete. Die Fremden, die ich aufnahm. Die Kranken, die ich nicht allein ließ. Die Gefangenen, die ich besuchte. Die Toten, die ich begrub. Stünde er jetzt an, der große Abschiedstest, so wäre ich durch viele Prüfungen durchgefallen, aber der Anspruch bleibt. Hoffnung ist ein hoffnungslos abgedroschenes Wort. Mein Trotzdem nenne ich Zynismusprävention.

Was die Kirche anbetrifft, bin ich froh um jedes Schaf, das nicht folgsam in der Herde trottet. Der Verlag hatte recht. »Schafsgeduld« wäre der falsche Titel gewesen. Die Tiere mögen zwar geduldig sein, vor allem sind sie eigensinnig. Im Kursbuch zur »Revolte 2020« finde sich eine eigensinnige Interpretation des Gleichnisses von den 99 plus eins Schafen. Das eine Schaf, das der Herde abhandenkommt, ist nicht verloren, es ist besonders neugierig und selbstständig.

Ändern kann ich die Hirten nicht. Aber ärgern. Ich laufe bleibend davon.

Literatur

Anter, Andreas: Theorien der Macht. Zur Einführung. 3. A. Hamburg 2017.
Barth, Markus: Und unser Leben war ein Fest. In: Christ in der Gegenwart 32/2019 vom 11. August 2018, S. 357/358.
Beck, Ulrich: Macht und Gegenmacht im globalen Zeitalter. Neue weltpolitische Ökonomie. Frankfurt 2002.
Benedikt XVI.: Die Kirche und der Skandal des sexuellen Missbrauchs. Veröffentlicht auf Vatican News am 11. April 2019. (www.vaticannews.va/de/papst/news/2019-04/papst-benedikt-xvi-wortlaut-aufsatz-missbrauch-theologie.html).
Benedikt XVI.: Letzte Gespräche. Mit Peter Seewald. München 2016.
Bogner, Daniel: Ihr macht uns die Kirche kaputt. Doch wir lassen das nicht zu. Freiburg 2019.
Brüntrup, Godehard: Zehn Jahre Missbrauchskrise. In: Stimmen der Zeit 1/2020. S. 1-2.
Bucher, Rainer: Christentum im Kapitalismus. Wider die gewinnorientierte Verwaltung der Welt. Würzburg 2019.
Etscheid-Stams, Markus/Laudage-Kleeberg, Regina Rünker, Thomas (Hrsg.): Kirchenaustritt – oder nicht? Wie Kirche sich verändern muss, Freiburg im Breisgau 2018
Farley, Margaret A.: Verdammter Sex. Für eine neue christliche Sexualmoral. Darmstadt 2014.
Fegert, Jörg Michael: Empathie statt Klerikalismus. In: Stimmen der Zeit 3/2019, S. 189–204.
Hahn, Judith: Grundlegung der Kirchenrechtssoziologie. Zur Realität des Rechts in der römisch-katholischen Kirche. Wiesbaden 2019.
Han, Byung-Chul: Was ist Macht? Stuttgart 2005.
Hanstein, Thomas: Von Hirten und Schafen. Ein Seelsorger sagt Stopp. Baden-Baden 2019.
Heimerl, Theresia: Andere Wesen. Frauen in der Kirche. Wien, Graz, Klagenfurt 2015.

Knop, Julia: Beziehungsweise. Theologie der Ehe, Partnerschaft und Familie. Regensburg 2019.

Kreiml, Josef: Die Rolle der Frau in der Kirche. Illertissen 2014.

Lipp, Theresia: Begeisterung statt Kampfgeist. Katholisch.de vom 31. Mai 2017 (www.katholisch.de/artikel/13512-begeisterung-statt-kampfgeist).

Lüdecke, Norbert: Mehr Geschlecht als Recht? Zur Stellung der Frau nach Lehre und Recht der römisch-katholischen Kirche. In: Eder, Sigrid/Fischer, Irmtraud (Hrsg.): ... männlich und weiblich schuf er sie. Zur Brisanz der Geschlechterfrage in Religion und Gesellschaft. Innsbruck 2009 (Theologie im kulturellen Dialog, Bd. 16), S.183–216.

Maier, Hans: Böse Jahre, gute Jahre. Ein Leben 1931 ff. München 2011.

Müller, Gerhard Ludwig (Hrsg.): Von »Inter Insigniores« bis »Ordinatio Sacerdotalis«. Dokumente und Studien der Glaubenskongregation. Mit einer Einleitung von Joseph Kardinal Ratzinger. Würzburg 2006.

Müller, Wunibald: Keine falsche Stärke vortäuschen. In: Herder Korrespondenz 3/2010, S. 119–123.

Nassehi, Armin (Hrsg.): Revolte 2020. Kursbuch 200/Dezember 2019.

Pico della Mirandola, Giovanni: De hominis dignitate. Über die Würde des Menschen. Stuttgart 1997.

Reisinger, Doris: Spiritueller Missbrauch. Freiburg 2019.

Reisinger, Doris: Von der Last ein Opfer zu sein, in: Lebendige Seelsorge, 70. Jahrg., 3/2019, S. 162–166.

Remenyi, Matthias / Schärtl, Thomas (Hrsg.): Nicht ausweichen. Theologie angesichts der Missbrauchskrise. Regensburg 2019.

Schüller, Thomas: Macht und Ohnmacht aus kirchenrechtlicher Sicht. In: Futur 2, Ausgabe 2/2019 (www.futur2.org/article/macht-und-ohnmacht-aus-kirchenrechtlicher-sicht-ein-beitrag-zur-aktuellen-diskussion-um-macht-und-machtmissbrauch-in-der-katholischen-kirche/)

Sander, Hans-Joachim: Wenn moralischer Anspruch schamlos wird. In: Stimmen der Zeit 2/2019, S. 83–92.

Seewald, Michael: Dogma im Wandel. Wie Glaubenslehren sich entwickeln. Freiburg 2018.

Seewald, Michael: Reform. Dieselbe Kirche anders denken. Freiburg 2019.

Stelzer, Marius: Die Seelsorgestudie 2012 bis 2014. Eine pastoraltheologisch/soziologische Flanke mit Fokus auf die Ausbildung des zukünftigen Seelsorgepersonals. In: Zeitschrift für Pastoraltheologie, 37. Jahrg., 1/2017, S. 147–168.

Striet, Magnus/Werden Rita (Hrsg): Unheilige Theologie! Analysen angesichts sexueller Gewalt gegen Minderjährige durch Priester. Freiburg 2019 (Katholizismus im Umbruch Band 9)

Strube, Sonja: Wer sind die Gegner von Papst Franziskus und was treibt sie an? Eine Analyse rechtskatholischer Seiten. katholisch.de vom 8. Mai 2019 (www.katholisch.de/artikel/21594-wer-sind-die-gegner-von-papst-franziskus-und-was-treibt-sie-an).

Weber, Max. Typen der Herrschaft. Hrsg. von Andrea Maurer. Stuttgart 2019.

Wolf, Hubert: Zölibat. 16 Thesen. München 2019.

Woodhead, Linda: Geschlecht, Macht und religiöser Wandel in westlichen Gesellschaften. Freiburg 2018.

Danke für anregende digitalen Diskussionen auf:
www.eulemagazin.de,
www.feinschwarz.net,
www.theosalon.de
www.y-nachten.de.

Alle vatikanischen Dokumente wurden zitiert nach www.vatican.va.